地政学時代のリテラシー

船橋洋一

文春新書

1441

地政学時代のリテラシー　目次

はじめに　地政学リテラシー七箇条　8

第1章　コロナ危機後の国際秩序崩壊　21

コロナ・チェルノブイリ　22
コロナ〝非接触経済社会〟　26
コロナ危機後の国際秩序を構想せよ　30
チャイナ・リテラシー　34
「東アジアの興隆」と「西洋の没落」　38
ワクチン・ナショナリズム　42
ラディカルな不確実性　46
中台をめぐるワクチン〝超限戦〟　50
「人民が最大のリスク」　54

第2章　ウクライナ戦争とユーラシア専制体制　59

中ロは「甘」党ではなく「辛」党の共闘　60

プーチンの戦争「誤算の本質」 64
ウクライナ戦争「あの時と似ている」 68
ウクライナ戦争の勝ち方 72
G7はヒトラーを防げたか？ 76
ASEANはグローバル・サウスか？ 80

第3章 米中対立と日本の生きる術 85

米国衰退論の地政学 86
米国の〝同盟カントリー・リスク〟 90
「人が政策」バイデン政権のアジア戦略 94
台湾：戦略的曖昧性と戦略的明瞭性 98
キッシンジャー・レガシー 102
「友の敵は必ずしも敵ではない」 106
「反動的攻勢」と「静かな抑止力」 110
トクヴィルはトランプの米国をどう書いたか？ 114

第4章　インド・太平洋と日本の選択　119
Quad Vadis?　120
戦後七十五年の同盟イノベーション　124
日豪同盟の時代　128
「日本外交のしたたかさ」とは何か?　132
安倍晋三の死を徒死にさせてはならない　136
国力あっての防衛力、防衛力あっての国家　140
ユーラシア専制枢軸vs.日欧連合　144
韓国の精悍な自信外交を歓迎する　148

第5章　地経学の挑戦と経済安全保障　153
地経学の時代　154
中国の「国潮」ナショナリズム　158
米中ともにCPTPP加盟という夢　162
経済安全保障政策の要諦　166

〝スマート経済安全保障〟が必要　170
経済制裁とは「戦争よりすさまじいもの」　174
米中「競争」と「封じ込め」の間の「拒否」　178
経済安全保障政策の政策協調　182
トランプ再選は日本の最大の「地政学的リスク」　186
おわりに　地経学リテラシー七箇条　190
あとがき　205

はじめに　地政学リテラシー七箇条

ウクライナ戦争に続いて、中東でも戦争が始まった。二〇二三年十月七日、ガザを実効支配しているハマスがイスラエルを無差別攻撃し、千四百人を殺害、子供、女性を含む二百三十人の人質を連れ去った。イスラエルはガザのハマスの拠点を連日のように攻撃し、二カ月で一万八千人以上が犠牲になった。その四割以上が子供である。ヨルダン川西岸ではパレスチナ人の蜂起が起こりつつある。レバノンのヒズボラもイスラエルへの攻撃態勢を強めている。イスラエルとサウジアラビアの関係正常化は大きく後退するだろう。

イスラエルは抑止力の維持に失敗した。その回復は簡単ではない。抑止力に対する懐疑は、イスラエルを先制攻撃と相手の〝殲滅《せんめつ》〟作戦に傾斜させる危険がある。イスラエルはガザに進軍したものの、効果的な占領計画と戦後計画を持っていない。パレスチナとの共存――ともに主権と生存権を認め合う――の覚悟がない限り、それは描けない。今後、実存への恐怖感をさらに募らせ、いずれはイランの核開発を阻止する軍事攻撃に打って出る可能性がある。それは究極の中東危機をもたらすだろう。

イスラエルの右派政党リクードの創設者、メナヘム・ベギン元首相は「世界は畜殺される者に同情しない。世界が尊敬するのは戦う者だけである。我々は甘かった」との言葉を残している。ホロコーストの教訓について語った言葉である。ゴルダ・メイヤーは一九五六～一九五七年の第二次中東戦争の時の外相だったが、この時のパレスチナゲリラによるイスラエル民間人の虐殺に対し、イスラエルが報復し、ガザの子供たちを多数、殺したことについて「彼らが最初に攻撃を始めたのだ。彼らはその償いをする必要がある、それも高い代償を払わねばならないことを知る必要がある」と述べた。それもまたホロコーストの教訓なのだろう。いや、イスラエル建国の父、デイビッド・ベングリオンは一九四八年の第一次中東戦争の時、「アンマンを爆撃し、ヨルダン軍を破壊する、シリアは落ちる。もし、エジプトが戦い続けるなら、ポートサイドもアレクサンドリアもカイロも爆撃する。聖書の時代に我々の祖先に対して彼らがしたことに復讐するのだ」と述べた。

イスラエルの極右政党はパレスチナを認めない。ヨルダン川西岸への〝入植〟強行を支持する。〝入植〟は将来の併合への整地作業なのか。極右政党の閣僚はガザへの核兵器使用の可能性まで口にした。パレスチナ民族抹殺の暗い情念の表れなのか。

一方、ハマスもヒズボラもイスラエルの存在を認めない。従って、二国間解決——イスラエルとパレスチナのそれぞれの主権を承認する——も認めない。それはイランのハメネイ師も同じことだ。

イスラエルの生存を認めない中東和平はない。しかし、パレスチナを無視し、イランをただ敵視しても中東和平は成り立たない。テロリストたちを皆殺しにしたとしても、テロリズムを根絶やしにはできない。

私の米国の友人は、9・11テロの時、ブッシュ政権の外交当局の要職に就いていた。ブッシュがアフガニスタン戦争に止《とど》まらずイラク戦争に傾斜した時、「過剰反応は敵の思うつぼです」と強く反対した。ブッシュはイラクの民主化を夢想し、戦争に踏み切った。友人は追われるように政権を去った。あの時のことを思い出す。イスラエルは過剰反応の罠にはまりつつある。思慮深い政治指導力を欠いた国家の悲劇を思わずにはいられない。

終戦から八十年近く経ち、先の大戦と戦間期の失敗から我々が学んだ教訓——主権平等と民族自決、人権と基本的自由の尊重、すなわち「法の支配」——を世界はもはや忘れ去ったかに見える。

もう一度、世界の国々の間の矛盾と衝突を武力紛争と戦争にしないために我々が何をするべきか、何ができるかを探求しなければならない。

ここで必要となるのは、地政学的なリテラシーである。人間社会にあって変えられないことと変えられることを区別すること、そして、過去の国々の行動の成功と失敗から学び、その教訓を現在の問題の取り組みに活かすこと、である。

世界と社会の中で変えられないこと——地理、人種、民族、宗教、グループ・アイデンティティ——がどのように国々の行動を縛っているのか。変えられること——技術革新、イノベーション、政治指導力、ナラティブ、世論——を国々はどのように行使し、また、働きかけようとしているのか。

そうしたことを知るため、地政学リテラシーを磨く必要がある。

以下、地政学リテラシーの七箇条を記したい。

◇◇◇

一・国際システムは、自己保存を最重要課題とする国家が単位のため、本来的にアナーキ

ーであり、弱肉強食の世界である。

「中国は大国だ。あなた方は小国だ。それは厳然たる事実だ」

二〇一〇年七月、楊潔篪《ヤンチエチー》中国外相がASEAN（東南アジア諸国連合）地域フォーラム（ARF）外相会談でシンガポールの外相をにらみつけて吐いたこの言葉が、二〇一〇年代に始まった「危機の二十年」の時代の幕開けを告げた。

中国の挑戦の不気味さは、その専制的政治体制と個人独裁統治とともに、共産党パワーエリートの歴史観と対外観に起因する。政策決定過程の不可測性とともに、失地回復主義（irredentism、中でも台湾統一）と中華意識（「中国の夢」）と米国・西側の「衰退」不可避論などの歴史情念の過剰が、中国との対話を難しくする。秩序形成に向けての協同作業をやりにくくさせる。中国学者のジョン・K・フェアバンクがかつて述べたように「中国の国際秩序観は、国内の統治（ガバナンス）の反映」でもある。中国が強大になればなるほど、中国は自らの統治観――国家間の平等な関係、法の支配、チェック・アンド・バランスなどへの拒否感――をより前面に押し出してくるだろう。そうなればなるほど、中国の攻勢は、既存の勢力均衡と国際秩序への挑戦、すなわち現状維持の変更へのベクトルを持つことになる。

地政学は本質的に現実主義に基づく世界観である。物事を「ありのまま（as it is）」に見るところから認識は始まる。現実主義とは、理想とモラルを無視することではない。人間が作り上げる社会と国家において理想とモラルは強大な力を持つ。現実主義は、国際政治学者のジョセフ・ナイが言うように「最良の出発点」にほかならない。そして、「着地点」に達するには実務主義が欠かせない。

二．平和と安定のためには、勢力均衡と国際秩序の正当性が必要である。

二〇一〇年代、中国とロシアは南シナ海とクリミアで国際法を無視し、力による「現状変更」を強行した。中国の国際政治学者は「確かに中国が強大化したことが現状維持を変えた。しかし、米国と日本が弱体化したこともまた現状維持を変えたのだ」と喝破した。勢力均衡は、国際秩序を覆そうとする国の能力を制約する。国際秩序の正当性に関する合意は、それを覆そうとする国の欲望を抑制する。勢力均衡が崩れれば現状維持も崩れる。国際秩序が乱れれば、現状維持の正当性も崩れる。

十九世紀以降、国々の興亡のドラマは、ユーラシアの勢力均衡と国際秩序をどのようにつくるかをめぐって展開した。二十一世紀もそれは変わらない。ＥＵ（欧州連合）、ロシア、中国、インド、そして中東有力国が覇権争いと合従連衡を繰り返すだろう。

戦後の地政学の第一人者だったズビグネフ・ブレジンスキーは四半世紀前、次のように警告した。

「潜在的に最も危険な地政学的シナリオは、中国、ロシア、そしておそらくイランがイデオロギーではなく不満と怨念に駆られて形成する反覇権主義連合であろう。そうした事態を回避するため、米国はユーラシアの西端、南端、東端において欧州、インド、日本との間で地政学的な戦略を動員する必要がある」

日本のＣＰＴＰＰ（環太平洋パートナーシップに関する包括的及び先進的な協定）、ＦＯＩＰ（自由で開かれたインド太平洋）、Ｑｕａｄ（日米豪印四カ国連携）、日豪戦略的協調、日米韓協調はいずれもこのユーラシアにおける挑戦への応戦であり、「法の支配」に基づく勢力均衡と国際秩序に向けての重要な取り組みである。

三．平和維持には、抑止力が必要である。

抑止力とは「相手を傷つけるパワー」のことである。そのパワーを常時、維持し、相手にそのことを分からせておくことが相手にこちらを攻撃させない、つまり抑止するために必要である。中国もロシアも米国に直接、介入させないため、戦争一歩手前の「グレーゾーン」領域で現状変更を図っている。ここではサイバー領域を含め、抑止力の対応が遅れている。日本は戦後、抑止力という最も戦略的なパワーを知的にも政治的にも摂取して来なかった。それを正面から論じるところから安全保障論議を深める必要がある。

ただ、抑止力は「信頼に足る保証」と「信頼に足る脅威」の双方そろってこそ成り立つ。「信頼に足る保証」、つまり外交が十分行われず、「信頼に足る脅威」の方に傾斜すると「安全保障のジレンマ」の罠に陥ることになる。こちらが防衛力増強や同盟強化を図ると、向こうも同じように行動し、その結果、双方とも望まないのに衝突のリスクを増大させてしまう。米中の間の外交と対話の強化を急がなければならないが、日本もありとあらゆるレベルでの中国との対話を続ける必要がある。

四．物事には当面、「解く（solve）」ことができない事柄もある。その場合は、「収める（resolve）」ことでしのぐ。

バイデン政権の対中政策を立案、執行しているジェイク・サリバン大統領補佐官（国家安全保障担当）とカート・キャンベル（NSCインド太平洋政策調整官）は政権に入る前、「これまでの対中関与政策はこれという儀式もなく終わった」と断じた上で、「中国との共存とは問題を解決するというよりもむしろ条件を管理するべく競争を受け入れることを意味する」とフォーリン・アフェアーズで論じた。「現在の中国が国家として崩壊するとの前提に基づく、またそれを目的とするような新封じ込め政策はお門違い」と見なすのである。

対ソ「封じ込め」政策がソ連崩壊に帰結し成功しただけに、中国に対して「封じ込め」を口にすること自体、中国崩壊を企図していると受け取られる危険性がある。ただ、習近平は米国が中国を「抑え込み、取り囲み、封じ込めよう（suppress, encircle and contain）としている」と非難している。一方で、米国は中国が米国衰退論を前提に勢力圏を拡張することのないよう牽制している。二〇二一年三月の米中外交トップ会談で、アントニー・ブリンケン国務長官は中国側に「米国売りに賭けてもうかったためしがない（It's never a good bet to bet against America.）」とのバイデンの言葉を引用し、米国を見くびらないように警告した。

中国の経済危機が深刻になってからは、米国の中に中国衰退論が広がっている。下手に「封じ込め」をするよりこのまま衰退させるのが得策だとの意見も表明されている。「ナポレオンが言ったように、敵が間違いを犯しているときは止めるな」というわけだ。（ジョン・ミュラー「封じ込め反対論」、フォーリン・アフェアーズ、二〇二三年九月二十一日）

対中「持久戦」の時代と心得るべきである。客観的解決（solve）が難しければ主観的決着（resolve）で時を稼ぐ戦いである。認知戦がますます重要になって来る。

五．国家の生存にとってパワーは富より優位であり、安全保障は国益より重要である。

大国や資源国は、地政学的目的のために市場、金融、技術、サプライチェーンをパワーとして用いる。国連も大国も相手を制裁するにあたって経済を制裁の道具に使う。中国の経済台頭に伴い、また、米国の対中競争に伴い、このような経済相互依存の武器化が常態化してきた。

グローバル化を上手に活用しながら「国民経済」を守る。経済安全保障政策によって自由で開かれた国際秩序とルール・規範を守り、鍛える。そうして「国民安全保障国家（national security state）」の「国の形」をつくることが求められる。

六．戦略は統治を超えられない。統治の要は、政治指導力である。

国家安全保障は、「政府一丸」と「社会一丸」で臨む以外ない。どれほど立派な戦略を練り上げたとしても、それを執行するガバナンス、つまり国家統治を効かせなければ実現できない。そして、そのガバナンスを効かせることができるかどうかは政治指導力による。政治は本質的に緊急事態・状況（contingency）への対応と危機管理の営為である。そこでの最も大切な要素は、政治指導力なのである。

日本の場合、戦後、緊急事態と有事への取り組みは、戦前への〝逆コース〟を想起させるというので忌避されてきた。有事の法制度の未整備は、新型コロナウイルス危機の際に露わになった。サイバー・セキュリティに対する官民連携、通信情報活用、能動的サイバー防御、インテリジェンスなどの対応能力も依然、遅れている。

日本をはじめとする民主主義国の国家安全保障にとって民主主義そのものが障害になっている。危機における民主主義国の弱さは、『アメリカのデモクラシー』を著したアレクシ・ド・トクヴィルがつとに指摘したところである。トクヴィルは、「外政（外交と安全保障）」は、民主主義が要求し、また民主主義を特徴づける自由、人権、言論の自由、司法の独立、開放性といった特質がむしろ邪魔になる領域でもある、と述べている。

米国の政治と社会の「大分断」は、共和党、民主党を問わずに「アメリカ・ファースト」を再生産するだろう。それは、米国の世界における役割と世界への関与の行く末に大きな影響を及ぼさざるを得ない。

経済格差と社会分断を広げないよう、ポピュリズムとナショナリズムを増殖させないよう、中道の政党政治とメディアを守り、育てなければならない。

七．歴史は、国々（states）の記憶である。国家は、歴史から学ぶことができる。

二〇一〇年代から始まった「危機の二十年」の深刻な問題は、ロシアも中国も、そして米国においてもまた、歴史から学ぶ地政学的洞察力が弱まっていることにあるのではないか。

ソ連崩壊という「二十世紀最大の地政学的悲劇」、列強に蹂躙《じゅうりん》された「百年国恥」、駐イラン大使館を占拠され、四百四十四日間、大使館員を人質に取られたトラウマ……どこも、帝国の屈辱に囚われている。

その屈辱感が、未来への前向きな参画意欲と世界を共に作り上げていく協力・協調の精神を歪め、萎えさせてしまう。

ヘンリー・キッシンジャーはその処女作（『回復された世界』）の中で「歴史は国々の記憶である（History is the memory of states.）」と記した。地政学の核心的な思想はこの一言に凝縮されている。国々の生きる術、すなわち戦略と統治を知るために人間社会は歴史を紐解いてきた。国家は生きるために歴史を必要とする。歴史は国々の記憶として投射されるのである。そこから正しく、賢明に学ぶことこそが政治指導者のもっとも大きな責任である。

◇◇◇

二十世紀最大の理論物理学者の一人だったアルベルト・アインシュタインはユダヤ人だったが、人生の半分は平和を現実主義的に希求した知識人（public intellectual）として行動した。彼はイスラエルの国家建設を支持したが、一九二九年に次のような警告を同胞に発している。

「もし、我々がアラブの人々と真摯な協力と真摯な協定への道を見出すことができなければ、我々は二千年の歴史から全く何も学ばなかったということになる。もしそうであるならばそれがもたらす運命を甘受することになっても仕方がない」

イスラエルの歴史は、この洞察の起点に立ち戻ってもう一度、書き起こすしかないのではないか。イスラエルもアラブの国々も平和共存という実存のために歴史を紐解き、学びなおす以外ない。地政学リテラシーを磨かなければならない。

地政学リテラシーは、政治指導者が現実を「ありのまま（as it is）」、冷静に捉え、パワーを注意深く使い、秩序を公正に保つための生きる術である。歴史から学び、機会をつかみ、リスクを管理し、賢明に統治することに資するための洞察と知恵なのである。

第1章

コロナ危機後の国際秩序崩壊

人口100万人あたりの新型コロナウイルス死者数［2022年人口］

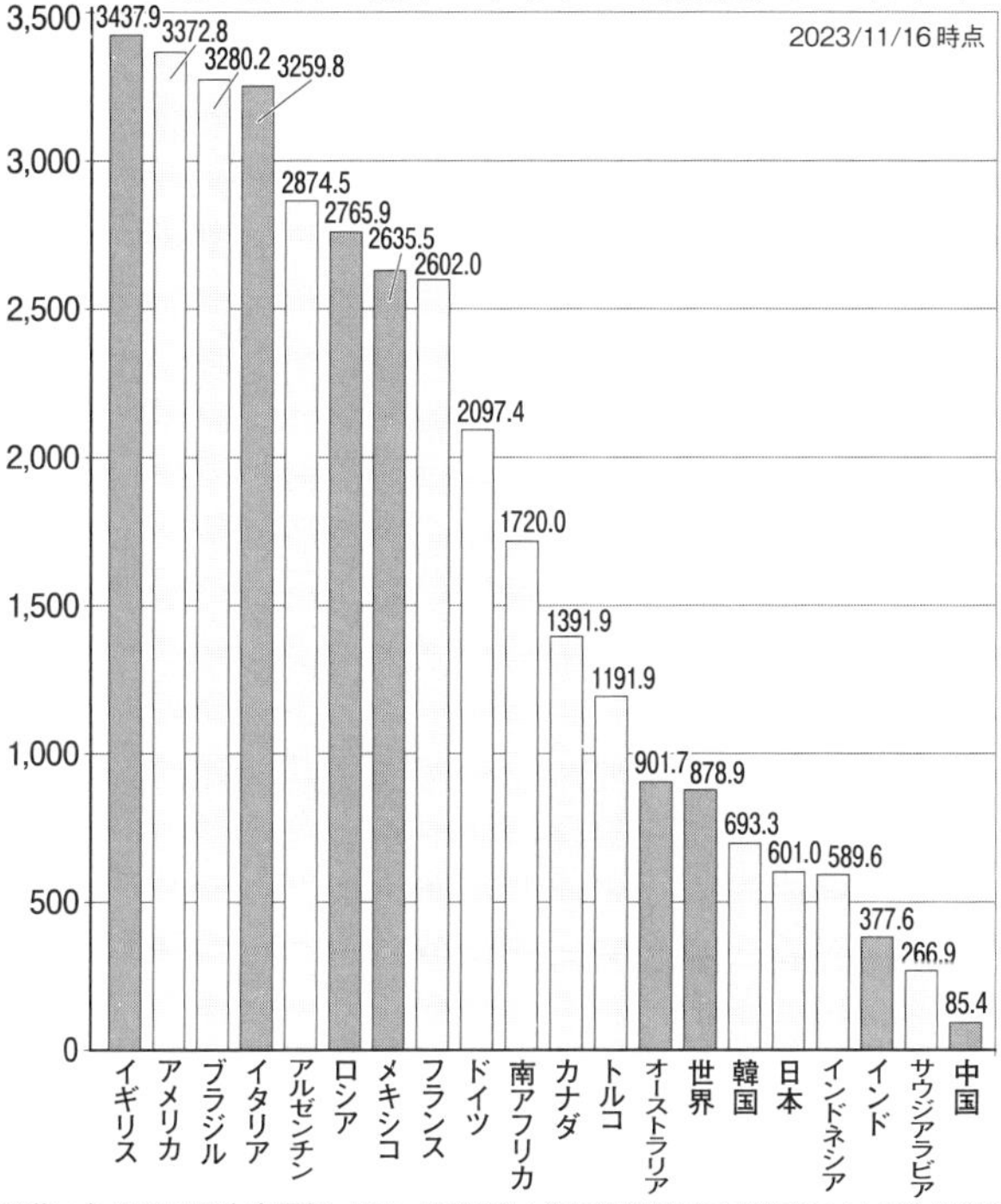

※薄い色は30日以上未更新　出典：札幌医科大学医学部附属がん研究所ゲノム医科学部門
https://web.sapmed.ac.jp/canmol/coronavirus/death?n=j&s=y

コロナ・チェルノブイリ（20・4）

コロナウイルス感染が広がるにつれ、中国では米国で二〇一九年に大ヒットしたドキュドラマ『チェルノブイリ』に関心が集まっているようだ。チャットルームには「自由な情報を保証するほうが空母や月面到着や超大国のパワーよりよほど人々の安全にとって頼りになる」との書き込みもある。

チェルノブイリ原子力発電所事故は一九八六年四月二十六日、旧ソ連邦のウクライナで起こった史上最悪の原発事故である。四号機の原子炉が爆発、大量の放射性物質が飛散、住民十三万五千人が避難、移住した。事故対応に当たった運転員や消防士など五十人が被曝で死亡、被曝関連の死者はその後四千人に上ったとされる。事故の五年後、ソ連は崩壊した。

コロナウイルスが中国のチェルノブイリになるのかどうか……感染はまだ広がっている。どのような形で収拾するのか現時点では見通せない。それでも、共産党体制の構造的脆《ぜい》弱《じゃく》性を露呈させたことは間違いない。

　最大の問題は、この政治体制が唯一無二の正統・正義であり、間違いを犯さない無謬《むびゅう》性を体現しているとの建前を取っていることにある。だから、失敗を認めたがらない。権力者は「悪い知らせ」を忌避し、それを国民に知らせることを唾棄する。

　中国政府はウィルスによる感染を二〇一九年十二月三十一日、世界保健機関（ＷＨＯ）に通知したが、中国国民にそれを伝えたのは二〇二〇年一月二十日である。国民はこの間、自らの命に関わる的確な情報を知らされなかった。チェルノブイリの時には、スウェーデンが最初に放射能の線量異変を検出したと公表した。ソ連の国営メディアが事故を伝えたのはその数時間後、事故後ほぼ三日経っていた。

「悪い知らせ」のメッセージを極度に嫌がる体制の習性は、それを知らせるメッセンジャーに罪をなすりつける傾向を生む。今回は、武漢市と湖北省政府のトップがその役回りを引き受けることになった。チェルノブイリ事故では、事故調査をする前に、運転員や消防士ら六人が早々と処分を受けた。最高責任者の発電所所長は党籍剥奪、刑務所送りとなった。

　もう一つ、共産党体制においては政治日程が何よりも最優先されるということだ。今回は一月六日から十七日にかけて武漢市と湖北省で人民代表大会が行われた。この間、「悪い知らせ」は歓迎されない。チェルノブイリの時は、五月一日のキーウでのメーデー・パレードの政治日程が危機管理の妨げとなった。ウクライナの党トップは中止することを考えたが、モスクワは中止となればパニックが起きるとして予定通りの実施を命じた。パレード観覧の貴賓席にエネルギー関連の要人とその家族の姿はなかった。彼らはキーウの線量が高まっていることを知っていた。

最大の試練は、住民に対する避難と隔離をどのような基準で、どのような手続きで決めるか、である。一月二十三日に武漢市を〝封鎖〟する前に人口千百万人のうち五百万人が市外に出てしまった。二十二日に発表してから実施するまでの八時間に、それこそ阿鼻叫喚の中、住民たちは市外へと逃げ出した。

チェルノブイリの場合、キーウの子どもたちを都市から避難、移住させるか否かをめぐって中央と地方が激しく対立した。党中央はパニックを起こすとしてそれに反対したが、地方は避難を敢行した。事故後、台頭したリベラルな環境団体と反ゴルバチョフ色を強める党保守層が手を結びモスクワに対する共闘が誕生した。いのちと環境をバネに生まれたこの新たな政治連携はその後の独立運動のマグマとなった。

今回、深刻なマスク不足の中、中国紅十字がまったく機能していない。そこで新たなＮＧＯが現場へ直接、マスクを提供する支援活動をしているが、彼らは歓迎されていないと感じている。共産党体制にとって、他の政党やＮＧＯや慈善団体や篤志家は目障りな存在でしかない。彼らを必要とすることを認めること自体、共産党の能力と権威と正統性への疑問を生むからである。民衆の英雄の出現を彼らは望まない。

ただ今回、紛れもない英雄が登場した。李文亮医師である。十二月三十日、李は医師仲間とこの症状がＳＡＲＳに似ているとチャットルームで話し合った。三十一日の未明、李は公安当局から出頭を命じられ、三日後、「不法なデマ」を流したとする「訓戒書」に署名させられた。その後、感染患者の治療に朝晩専念するなか自らも感染し、二月七日、死亡した。三十三歳だった。妊娠中の妻も感染、重症である。五歳の子どもがいる。

李が死の一週間前、集中治療室の病床で行った中国の経済誌『財新』のインタビューで語った言葉を中国の人々は永遠に忘れないだろう。

「健全な社会は、一種類の声しかないということであってはならない」

コロナ〝非接触経済社会〟（20・5）

コロナ・ショックの震源地の中国だが、その後武漢の感染を押さえ込んだとして、いまでは対コロナウイルスの先進国として、そしてその後感染拡大でもがき苦しむイタリアやスペインへの感染対応援助国として、登場しつつある。

市民の自由と個人の意思におかまいなしに全体の利益――中国共産党体制といってもよいが――を優先させる政治体制が、今回の危機では中国の強さとして作用している。中国共産党はいまここぞとばかり、「中国ウイルス」（トランプ米大統領）の汚名をそそぎ、むしろこれを奇貨として中国の統治システムの優位性を謳いあげる大宣伝攻勢に打って出ている。

なかでも、第四次産業革命の中核技術であるＡＩ、ビッグデータ、５Ｇなどを駆使した感染者追跡、消毒、配達、検温、遠隔通信の面でさまざまな取り組みを試みている。

アリババは健康状態や旅行歴に応じて各人のウイルスへの曝《さら》され度合いを即座に表示で

きるQRコードを導入した。これが緑でないと職場やビルに入れない。虚偽申請が分かった場合、赤に分類される。

ウィーチャットは、列車や飛行機で感染者と接触があったかどうかをスマホで検索する感染リスク探知アプリを開発した。都市によっては地下鉄に乗るに当たって、実名登録制や予約乗車制を実施しているところもある。

メグビーは五m以内であれば毎秒十五人まで識別できるAI体温測定システムを開発した。誤差は±〇・三℃。

達摩院（アリババ系研究機関）は新型肺炎の疑いのある患者のCT画像を二十秒以内に判読することができるAI画像診断システムを開発した。

電話による健康確認サービスも急ピッチで普及している。これまでだと二百人に対して五～七時間かかった作業がこれだと五分でできる。

隔離された患者に薬と食料を届けるための無人搬送ロボットやドローンによる監視、検温、消毒も武漢市はじめ汚染地域で導入されている。スタートアップ情報サイト36Krによると、京東物流では無人配送車二台を緊急に武漢に運び、配送業務を始めた。同社へは武漢第九医院から毎日十～二十件の注文があり、そのうち五〇～七〇％が無人配送車で配達されているという。

中国ではコロナ・ショックの前からオンライン診療を提供していた企業のウィードクターが、今回二十四時間対応の無料オンライン問診を開始した。病院に行くことを嫌う人々が急増したことが、オンライン診療の普及を促している。

テレワークもすでに普及していたが、アリババは「釘釘」と呼ぶテレワーク・サービスを中国国内のほぼ半数に当たる千万社に無償提供し、会員数は二億人になった。現在、中国国内で千八百万社超、計三億人以上がリモートワークに従事している。

オンライン教育も今回、新学期の開始が延期されたことに伴って、教育省が事業者と共同で全国規模のクラウド学習プラットフォームを立ち上げた。小中高生一億八千万人へのネット授業が行われている。

コロナウイルスは現在、握手もハグもキスもNGのソーシャル・ディスタンス（社会的距離）という新たな作法を我々に強いているが、これにとどまらず、人間が互いに接触しないで生活し、移動し、仕事をし、教育もする、そうした〝非接触経済社会〟を生み出している。

コロナウイルスはいずれ終息に向かう。それとともに握手もハグも戻るだろうが、〝非接触経済社会〟のインフラとなるイノベーションはこの危機を契機に社会実装として根付くだろう。そこでは中国が圧倒的な競争優位を占める可能性がある。

ウイルス感染が急速に進む米国では、カリフォルニア州のチュラ・ヴィスタ警察が中国の世界的ドローンメーカーであるＤＪＩのドローンを二機、購入した。同州がロックダウンを宣言したのに伴い、それを執行するためドローンの拡声器で集会やイベントに集う人々に警告を発し、夜も使える監視カメラで人々の顔を撮影する態勢を取っているのだ。

米政府はその少し前に、中国製のドローンは国家安全保障上問題があると警告を発したばかりだったが、コロナウイルスの脅威に対応するには米国製だろうが中国製だろうが、そんなことを言っている余裕はない。白猫でも黒猫でも鼠を捕る猫がいい猫なのである。

〝非接触経済社会〟は人と人との新たな距離をニュー・ノーマルとする気味悪さを秘めている。誰かをどこからでも検温できる技術がいずれ喜怒哀楽という人間の感情をも〝検出〟する技術へと進化するのではないか。独裁者は自分の話す言葉に内心、怒りを覚える聴衆を割り出すことができるかもしれない。『ホモ・デウス』の著者、ユヴァル・ハラリはこうしたバイオ監視社会の到来に警告を発している。

コロナ危機後の国際秩序を構想せよ

（20・6）

コロナウイルスをめぐる戦いは、国際間の通常の戦争とは異なる。敵はウイルスであり、人間ではない。国家でもない。本来であれば、すべての国が手を携えて共通の敵に立ち向かうときである。

しかし、いま世界はそのような状況にはない。米中対立は修復不可能なほど激化している。世界中がマスクと人工呼吸器の奪い合いを演じている。グローバル・サプライチェーンは断絶し、各国とも医薬品はじめ戦略的な素材や部品の国家管理化を図りつつある。国連安全保障理事会は機能不全にあり、WHO（世界保健機関）は政治化し、信任を失っている。EUは危機には役立たない機構であることを再び、露わにした。サイバー空間はフェイクとディスインフォメーションに埋められ、そこでは中国とロシアが情報戦を仕掛けている。戦後の「自由で開かれた国際秩序（Liberal International Order＝LIO）」は急激に瓦解しつつある。

コロナウイルスとの戦いは、国々の興亡をかけた国際政治の新たな戦場である。それは、どの国が、どの社会が、こうしたレジリエンスが高いかのコンテストともなっている。今後、第二波、第三波が押し寄せる可能性もあり、勝敗はまだわからない。ウイルスは、社会的弱者に対してより獰猛《どうもう》である。欧米の経済、教育、健康の格差、社会分断、政治極分解、ポピュリズム、排外主義が社会を脆弱にしている。

その一方で、台湾、韓国、香港、シンガポールなどは今回、ウイルスに攻め入るスキを与えない巧みな攻防戦を展開している。危機を乗り切るのにデジタル技術を思い切って動員し、社会のレジリエンスを発揮している。政府に対する信任が欧米より高いことも重要な要素であるに違いない。

ウイルスを前に、先進国対開発途上国、自由民主主義体制対専制政治体制、西側対その他、といった従来の範疇はあまり役に立たない。最後の勝者は、犠牲者を最小限に抑え、経済社会活動、中でも雇用を最大限に保ち、国民が一定のルールの下で市民的権利をある程度犠牲にしながら一致団結して戦い抜いた国となるだろう。どんな体制も権威もそれに失敗すれば、正統性を毀損する。政治経済体制のモデルをめぐる競争は、民主主義推進外交のように外に対して自国のモデルの普遍性を誇示する「輸出競争力」型から、そのモデルを自国で使い、高いパフォーマンスを上げる実例を示す「内需競争力」型へと変わっていくだろう。

もう一つ、この戦いは、「いま」だけでなく「次」をめぐる戦いでもある。

今回のコロナ危機の中での非接触経済社会体制への切り替えにおいてはオンライン診療、オンライン教育、テレワーク、また、無人接客、無人配送、無人生産ラインなどのさまざまな取り組みが導入されている。カギは、個人データの社会活用である。国民に支持されるデータ・ガバナンスを確立した社会がデータ主義時代の先進国として立ち現れるだろう。

その一方で、自由貿易原則は国家安全保障と経済安全保障の中核部分に関しては修正を迫られるだろう。通商戦略と産業政策、そして投資戦略と通貨戦略を統合し、相互信頼に基づく効果的なパブリック・プライベート・パートナーシップ（PPP）を構築し、国力と国富と国のレジリエンスを増強させ、それを政治的に持続させる戦略と統治が必要になる。こうした新たな地経学時代の国際秩序の形成に主導的な役割を果たす国が勝者となるだろう。

コロナウイルス危機はいずれは終わる。しかし、第一次世界大戦や第二次世界大戦がそうであったように戦いが終わった後、すでに旧世界（ノーマル）はなく、新世界（ニュー・

ノーマル）が登場しているだろう。

第二次世界大戦が終わったとき、連合国、なかでも英米は、大西洋憲章という戦後の国際秩序構想を手にしていた。米国のフランクリン・ルーズベルト大統領と英国のウィンストン・チャーチル首相が一九四一年八月、第二次世界大戦後の世界の秩序の青写真を共に描いた構想のことである。戦時中、しかも、日米開戦に先立って、世界のルール、規範、秩序、そしてそれを可能にする両国の地政学的利害調整を踏まえて「戦後」を構想したのである。

「戦後」の国際秩序を形作った国際連合、ＩＭＦ／ＧＡＴＴのブレトンウッズ体制、ＮＡＴＯ（北大西洋条約機構）と日米同盟、そしてＯＥＣＤ（経済協力開発機構）、Ｇ７などの「自由で開かれた国際秩序」（ＬＩＯ）の枠組みはすべてこの大西洋憲章を起点としている。

ジョン・アレン元大将（米ブルッキングズ研究所理事長）は「歴史は、コロナ危機の勝者によって書かれるだろう」と記している。日本は、いま、コロナ危機のさなかに、危機後の世界秩序の青写真を描かなければならない。

チャイナ・リテラシー（20・8）

新型コロナウイルス後の世界で起こるバランス・オブ・パワーの変化の一つがベトナムの台頭であるかもしれない。

ベトナムはコロナ対応において世界でもっとも成功した国の一つである。二〇二〇年四月十六日以降の新規感染者は、外国から入国し隔離されていた者のみ。感染者数は三百三十四人、死亡者数〇人（二〇二〇年六月十五日時点）。航空会社の国内路線は全路線がコロナ禍前と同じ通常運航に復旧している。国際路線に関しても、グエン・スアン・フック首相は、新規感染が三十日以上確認されていない国・地域に対して運航を再開すると表明。ベトナム航空は韓国、台湾、香港、東南アジア諸国との間で運航再開の方針を示している。

一方、日本政府はコロナウイルス感染拡大防止のため制限している出入国をビジネス目的に限定して緩めることにし、ベトナム、タイ、オーストラリア、ニュージーランドの四カ国をその対象国とする方針を決めた。

なぜ、ベトナムはこれほどうまく対処できたのか？

そのわけを知人のベトナム人に質《ただ》したところ、「ホンダ効果ではないですか」との答えが返ってきたと、アジアの財界人と親交の深い投資家の友人から聞いた。

「我々は、どこへ行くにもホンダのオートバイに乗っていく国民です。埃除《ほこりよ》けのためにマスクをするのが習慣になっている。それが今回は役立ったのだと思います」

東アジアの国々に共通するマスク文化がここでもやはりモノを言ったということなのか。どこへ行くにもマスクをし、マメに手を洗う。人混みを避け、社会的距離を保つ。感染を拡大させないための感染症対策マナーを人々はお上にいちいち言われなくとも率先して行う。

コロナ危機への対応は、国民一人一人の行動変容がカギである。自分を守ることが社会を守る、社会を守ってこそ自分を守ることもできる。ベトナムではそうした国家と社会の協同作業がうまく機能したのかもしれない。英国の調査会社YouGovは世界二十六カ国・地域を対象に毎週、世論調査を実施しているが、ベトナム国民は世界で最も新型コロナウイルス感染に対する危機意識が高く、また、政府の取り組みに対する評価が高い。「政府はよく対処している」と答えたのは九五％に上っている（ちなみに日本は三九％）。

ただ、実際の政府の対策のうちどれが感染拡大を防ぐうえで決め手だったのか。おそらくそれは二〇二〇年一月三十一日、ベトナム政府が公表した中国との〝感染デカプリング〟宣言だっただろう。

この日、ベトナム政府は、中国全土との往来を制限するため、①過去二週間以内に中国全土に滞在していた中国人を含む、外国人旅行者への観光ビザ発給を一時的に停止、②中国の感染地域とのフライトを一時的に停止、の「二つのノー」を決め、翌日から実施した（三月二十二日には、全ての外国人の入国を停止した）。ベトナムと中国の国境は千四百キロメートルに及ぶ。経済の相互依存関係も深い。中国は米国に次いで二番目の輸出相手国である。

二〇〇三年にSARSが流行したときは、ベトナム政府は、ハノイに滞在していたWHOのスタッフ、カルロ・ウルバーニ医師の警告を即座に受け入れ、感染者の徹底隔離、感染者との接触者の追跡調査、水際対策（空港周辺でのPCR検査体制の強化）を実施し、封じ込めに成功した。ベトナムは今回もこの時の教訓を生かした。感染者が出ると、直ちに軍の兵舎や大学の寮などの国営施設に収容した。一人の感染者が確認されると、無症状の人を含む濃厚接触者をこうした施設で待機させた。四月上旬、二百四十人の感染者しか出ていない時点で四万五千人を隔離させた。小さなクラスターが発生すると、その村全体を封鎖した。

　ベトナムも「対コロナ戦」などと戦争の比喩を用いて国民に団結を呼びかけている。戦う相手はウイルスではあるが、政府も国民もその背後に中国の影を見る。歴史上、国家存亡の危機のほとんどは「国境の北」からの襲来だった。それは今回も変わらない。

　日本の外交官がベトナム政府高官に「対コロナ戦」に勝つ要諦を聞いた。高官はただ一言、「チャイナ・リテラシーです」と答えた。

「チャイナ・リテラシー？」

「ええ、そうです。中国のことをどこまで深く理解しているか、ということです。中国は正確な数字を発表しませんから、それを鵜《う》呑《の》みにしないことです」

　中国の言うことを額面通り受け取らない。まず、疑ってかかる。言葉ではなく行動でその意図を判断する。中国政府は一月中旬までは「人から人への感染はない」と言っていた。それを疑う。習近平中国国家主席は三月十日、〝勝利宣言〟を行った。それも疑う。

「チャイナ・リテラシー」が二十一世紀のサバイバルキーワードとなってきた。

「東アジアの興隆」と「西洋の没落」（21・1）

新型コロナウイルス危機は、「東アジアの興隆」と「西洋の没落」という地政学的パーセプションをもたらしつつある。

コロナウイルスの感染者、なかでも人口比の感染関連死者数を東アジアは相当程度抑え込んでいるのに対して、欧米では東アジアの五十倍から百倍も多い。欧州では最も善戦しているドイツでさえ、人口比致死率は韓国と日本の二十倍近い。コロナウイルス感染が経済活動に大きな打撃を与えている点は西も東もそれほど変わらないが、回復の足取りは東アジアの方がはるかに軽い。中国が成長のエンジン役を果たしているほか、日本も製造業（大企業）の設備投資（計画含む）は増加に転じている。失業率も三％に止《とど》まっている。

コロナ危機のトンネルを抜けたら、東アジアは勝者、欧米は敗者というスコアカードの黄信号が点滅して見えるかもしれない。

東アジアはＳＡＲＳやＭＥＲＳ、Ｈ１Ｎ１型インフルエンザの度重なる襲来を受け、人々の間にパンデミックへの備えの意識が強い。マスク着用も自然と受け入れ、着用するかどうかを自らのアイデンティティの証とするような文化はない。また、個人の自由・プライバシーと社会の安定・秩序との間に横たわる本来的な緊張関係を均衡させようとする自制と社会的圧力が幅広く存在する。日本政府は強制力のあるロックダウンは法的制約でできず、あくまで政府の国民への要請ベースでの取り組みとなったが、国民が積極的に行動変容キャンペーンに参画した。

もう一つ、政府の国家経営（統治）の力と国民の政府に対する信頼感の有無である。東アジアの国々では総じて国民は政府の危機対応の指示に従い、「官民一丸」となって対応した。一方、欧米では、マスク着用にしてもロックダウンにしても、国民のかなりの部分が政府の措置に反対し、デモを繰り広げた。欧米民主主義国ではどこも「小さな政府」を要求する右からの攻撃と、多様なアイデンティティと文化を主張する左からの異議申し立てに挟撃され、国家の正統性が揺さぶられている。国民が国家の正統性への疑問を抱くと、国家経営の力は弱まる。

「東アジアの興隆」と「西洋の没落」を象徴するのが、このほど東アジア十五カ国が締結したＲＣＥＰ（地域的な包括的経済連携）協定の登場である。これに米国は参加していない。

米国が関与できないからといって東アジアは待たない。トランプ政権のＴＰＰ脱退後、日本はＣＰＴＰＰ締結に向け、想像力ある外交力を発揮した。ＲＣＥＰをまとめ上げる最後の段階で中国は柔軟な外交を展開した。

　国有企業の扱いを含めなお自由貿易度や透明度は劣るかもしれないが、ＲＣＥＰは世界の人口の三分の一を占め、そのＧＤＰはＥＵよりも大きい。ＡＳＥＡＮは二〇二〇年代末には世界第四位の経済規模を持つと予測されている。オバマ政権の通商交渉担当を務めたウェンディ・カトラーは「ＲＣＥＰは生命力のある協定（living agreements）であり、それは具体的な個々のケースの交渉の積み重ねを経る中で徐々に進化していくだろう。決して軽視してはならない」と警告を発し、米国が（ＣＰ）ＴＰＰのようなアジアの自由貿易の枠組みに再参加する必要性を訴えている。

　コロナ危機は、中国の超大国化と米国のＴＰＰ撤退に伴って浮上してきたアジア太平洋のアジア主義、つまりは「アジアのアジア化」というパーセプションをさらに凝固させる可能性もある。

　しかし、コロナ後の世界が「東アジアの興隆」と「西洋の没落」というシーソーゲームのような展開になるかどうかは疑問である。

一つは、コロナ危機はまだ終わっていないということである。生命・健康、経済・生計、自由・プライバシーの三つをバランスさせながら最適解を発見した国は東西問わず、まだない。

　次に、米中対立の行方である。バイデン政権誕生後も、コロナ危機を通じて深まった米国の対中不信感が和らぐことはないだろう。中国の「軍民融合」産業政策、アジア太平洋での「閉ざされた影響圏」拡大、米国の生活様式への脅威増大、米国同盟ネットワーク弱体化は、米国の価値観と戦略的利害を脅かす。これと関連して、米国の同盟国（日本、オーストラリア、韓国）やパートナー国（ベトナム、インドネシア、シンガポール）を中心に米国のアジアへのカムバックへの期待が高い。

　東アジアは、米中だろうが、日中だろうが、欧米・東アジアだろうが、二分法的な立場に置かれることを望んでいない。安全保障は米国に、経済は中国に依存している国々が多い。あいまいさを残しつつ、微妙な綱渡り外交を演じなければならない。それは東アジアにおける米国のもっとも重要な同盟国である日本といえども変わらない。

ワクチン・ナショナリズム　（20・10）

ロシアのミハイル・ガルージン駐日大使はこのところ、霞が関や永田町を相手にセールス外交に忙しい。

「世界最速で開発したコロナワクチンの生産を始めました。ぜひ、ロシアのワクチンを使ってみてください」

プーチン大統領が、ロシアの国立ガマレヤ疫学・微生物学研究所と国防省が共同開発した新型コロナウイルスワクチン、スプートニクVを承認したと発表したのを受けてのことだ。

ロシアはすでに医療従事者などへの接種を始めたようだ。二〇二一年初めからは一般市民向け接種も実施する予定だという。接種は二回に分けて実施され、免疫は約二年間維持されるとしている。プーチンは、自分の娘にこのワクチンを接種したことも明かした。女帝エカテリーナ二世が一七六八年、天然痘ワクチンの接種を自ら志願した英雄譚に倣ったものだろう。

欧米の新型コロナウイルスワクチン開発は現在、臨床試験最後の第三段階にあるが、ロシアはその最終段階をすっ飛ばして承認に踏み切った。ロシアの臨床研究組織協会は、副作用などのリスクが検証されていないとして承認を延期するように求めたが、それを抑えこんだ形である。すでに二十カ国以上がロシアのワクチンを購入することに関心を示しているという。

ロシア以上にワクチン超大国に躍り出ようと情熱を燃やしているのが中国である。習近平中国国家主席は、この五月、世界保健機関（ＷＨＯ）年次総会で演説し、「中国で開発されたワクチンは世界の公共財だ」と高らかに宣言した。

中国はすでに九つのワクチン製品候補の臨床試験を進めており、うち五つが最終段階に入っている。カンシノ・バイオロジクスやシノバックは年産一億～三億回分の生産能力を準備している。カンシノのワクチンは、サウジアラビアで五千人を対象に最終段階の治験を始める予定だ。

中国は、ブラジル、インドネシア、パキスタン、ロシア、そしてフィリピンに対してワクチンの優先配分の取引を提案している。王毅中国外相もワクチン外交に精出している。

マレーシア外相ともインドネシア外相とも電話会談でワクチン開発協力を約束して回っている。それを追うかのようにポンペオ米国務長官も両外相にワクチンの開発協力を呼び掛けている。

先進国をはじめ多くの国々がワクチン開発に乗り出すか、それを開発している製薬企業から早期にワクチンを特別購入する資格を手にする、いわゆる「早期ロックイン」を図っている。ワクチン入手は富めるもの勝ちなのである。

このような〝自国ファースト〟現象は、二〇〇九年のH1N1感染症（豚インフル）のときも初期段階で見られた。先進国がワクチンを大量にロックインしてしまったため、WHOの呼びかけで、オーストラリア、カナダ、米国などが彼らの保有するワクチンの一〇%を途上国に回すことで合意した。ただ、その場合も、自国民に満足に行き渡ったあと、という条件付きだった。今回の〝自国ファースト〟はさらに露骨である。その典型が、トランプ米大統領が重用する通商製造業政策局長のピーター・ナヴァロ大統領補佐官である。

ナヴァロは、「今回のコロナウイルスや二〇〇九年のH1N1からの教訓ということで言えば、それはマスクからワクチンまでこと供給に関しては他国に頼るわけにはいかないということ。相手が同盟国といえどもそれは同じだ」とうそぶいた。コロナウイルス危機の中、ワクチン・ナショナリズムが今回は一段と熱を帯びている。

しかし、ワクチンをつくるには南米チリ産のセッケンボクというバラ科の常緑樹が補佐剤として欠かせない。それを精製するのはスウェーデンである。これらの国がワクチンを入手できなければ、彼らはそれをチョークポイントとして使い、ワクチンを獲得しようとするだろう。サプライチェーンの中で、ワクチン・ナショナリズムの毒素はブーメランのように自らにハネ返ってくる。やはり国際協調が必要なのである。

実際、パンデミックに対しては国際協調なしには戦えない。日本はワクチン開発と生産では後れを取っている弱い立場である。それだけにもっと積極的に国際協調の旗振りをしなければならない。

戦後、国連に続いてWHOが生まれたとき、国連未加盟国の日本やドイツを加盟させるか否かで大議論があった。敗戦国は認めないとの反対論を押し切って、敗戦国に手を差し伸べたのは米国だった。それに伴って名称も国連保健機関というUN冠ではなく世界保健機関というW（World）冠に決まったのである。日本とドイツはこのWHOを足場に国際社会に復帰し、その後、国連加盟を果たした。そういうことも心に留めてワクチン外交を進めたいものである。

ラディカルな不確実性（20・11）

新型コロナウイルスが欧州で再び、拡大している。ドイツではルフトハンザの株価が一日で一〇％近く暴落するなど経済の先行きが不透明になっている。ロックダウンに後戻りするところも出ている。ただ、欧州全体で見れば、致死率はこの春ほどではない。

　このウイルスに対して我々はまだ知らないことがあまりにも多い。確かなことは、それが経済の格差を衝《つ》き、それを広げ、政治と社会を分断し、国々の関係を緊張させ、国際システムに亀裂をもたらしていることである。人間社会の弱みをえぐる点において、それはおそろしいほど攻撃的であるが、変異が変異を生みその攻撃は体系的ではない。ウイルスには意思がない。企図もない。多くの国では人々はすでに戦いに疲れ、厭戦《えんせん》気分が蔓延《まんえん》し始めている。インドネシアの若い起業家とＺｏｏｍで話していたら、インドネシアではもうこれ以上、感染拡大防止策を繰り出すのは難しいと言う。

「ロックダウンができるのは豊かな先進国だけだ。家に居ろと言われて居ることができるのは恵まれた人たちだけ、要するにロックダウンは格差を生む。テレワークも同じことだ。それをやれる企業は大企業だけ。中小企業ではそれはムリ、結局、ここでも格差が生まれる」

「コロナ危機を乗り切るにはデジタル変革をもっと進めなければならない。しかし、デジタル変革を進めれば格差はもっと拡大する。貧困層にとっては、感染を取るか飢えを取るかの二者択一しかない。絶望的選択だ。この社会的反動は必ず来る。反乱がおこるだろう。先が全く読めない、怖いです」

すでに不確実性を深めつつある世界はいまやラディカルな不確実性の時代へと突入しつつあるようにみえる。

九・一一テロが起こったとき、ドナルド・ラムズフェルド米国防長官が記者会見で語った有名な言葉がある。この世の中には、known knowns と known unknowns と unknown unknowns がある。九・一一テロはこの最後の unknown unknowns である。「知らないことを知っている」のではない。「知らないことを知らない」、そうしたラディカルな不確実性に言及したものだった。

新型コロナウイルスは九・一一テロよりもリーマンショックよりもはるかに地球全体へ

の脅威を与えている。米中対立をはじめ世界の地政学的かつ地経学的状況が液状化し、グローバル化と第四次産業革命によってどこも政治と社会が分極化している。内外ともに秩序とルールが脅かされつつある。何事も予測しにくくなる。それが人々の合理的判断を曇らせ、そこから生じる恐怖感が過剰反応を生むことになりかねない。

　ではどうすればよいかと言えば、不確実性と共生する以外ない。

　パンデミックにしても気候変動にしても、ある程度、共生しつつ対応策を考えざるを得ないのかもしれない。減殺（mitigation）と適応（adaptation）の双方のアプローチを同時に必要とする。

　よく言われるように、未来によく備えるには、未来をつくるに限る。そんなこと、と思うかもしれないが、我々はそれを日常行っている。子供の教育がまさにそれである。未来に備えるには未来に投資することだと言い換えてもいい。もっともよく備えようと思うのであれば頭脳に投資するに如《し》くはない。

　米国の鉄道王、リーランド・スタンフォードがセントラル・パシフィック鉄道とユニオン・パシフィック鉄道を合体させて大陸間横断鉄道を設立したのは一八六九年だった。しかし、スタンフォードは彼が創設し、彼の名を冠した農業大学がその一世紀後、シリコン・バレーを生む苗床になろうとは夢にも思わなかっただろう。

もう一つ、ラディカルな不確実性の時代を乗り切る上で必要なのは、アニマル・スピリッツであろう。

ケインズは「アニマル・スピリッツが萎え、自発的な楽観主義が揺らぎ、数学的期待値だけにしがみつくようになれば、実業は衰え、死んでしまう」と書いた。彼は不確実性とアニマル・スピリッツの〝親和性〟について語っているのだ。不確実性は起業家精神を誘い、起業家精神の芯のところにアニマル・スピリッツがある。

アニマル・スピリッツは試行錯誤と新陳代謝に濾《こ》されて結晶化される。NASA（米航空宇宙局）はチャレンジャーとコロンビアの二回、重大事故を起こし、いずれも七人の宇宙飛行士を失った。普通なら政治責任を追及され、〝お家取り潰し〟にあってもおかしくはない。それでも米国はそれを残した。宇宙が米国の未来を決するドメインであると信じる覇権国の執念といってもよい。イーロン・マスクのスペースXもNASAがあってこそ生まれた。

ラディカルな不確実性の時代、何よりも求められるのは、挑戦に立ち向かう「自発的な楽観主義」である。

中台をめぐるワクチン〝超限戦〟　（21・8）

一年前（二〇二〇年）は、コロナ対応の優等生と目された東アジアの国々でコロナ感染がぶり返している。コロナ感染を抑え込んできたことが裏目に出て、ワクチン接種で出遅れた側面もある。ただ、その中で中国だけは独り、感染抑制とワクチン接種と経済正常化の各方面で対応の冴えを見せている。一気に「コロナ病棟」を建設し、地方から多数の医療従事者を呼び寄せた。国産ワクチンをフル回転で生産し、一日、二千五百万回のワクチン接種体制を敷いている。インドの五百万回、日本の百万回に比べるとスピードの速さが際立っている。

その一方で、コロナ対応のＭＶＰでもあった台湾が現在、コロナ感染に苦しんでいる。航空会社のパイロットが英国変異株を持ち込み、宿泊先のホテルの従業員がそれに感染し、さらに市中感染へと広がったと見られている。ワクチン接種率も六月二十三日時点で七％程度にとどまっている。

台湾の最大の誤算は、ドイツのビオンテック社とのワクチン購入契約が最終段階で「保留」とされたことである。これに関しては、蔡英文総統が「中国の介入によって現在も契約できていない」と国民に釈明した。頼怡忠民進党国際事務部主任（当時）はこの点に関して、次のように説明している。

「中国は台湾に中国製ワクチンを提供する用意があると発言する一方で、至る所で台湾の中国製以外のワクチンへのアクセスを妨げている。去年、台湾政府とビオンテックとのワクチン購入協議は、中国の妨害により契約寸前で死産となった」

二〇二〇年十二月、香港政府はビオンテックと提携した中国の復星医薬からのｍＲＮＡワクチン購入を発表したが、その際、復星医薬のこのワクチンの販売権は、中国大陸にとどまらず香港、台湾、マカオも含むことを示唆した。要するに、復星医薬とビオンテックの契約は、復星が独占販売する地域については台湾を含む「大中国市場」を対象とする。従って、台湾に対しては復星医薬のみがそれを販売する権利を持っており、他国も他社もこのワクチンの台湾への販売は認められない。そうした「契約外」（中央感染症指揮センターの陳時中衛生福利部長）の〝仕切り〟ができたことを窺《うかが》わせている。

中国は、ワクチン入手に苦しむ台湾に揺さぶりをかけている。中国の国務院台湾事務弁公室は、「大陸側は台湾の人々がウイルスに勝つため最大の努力をしたい」と中国製のワクチン供与の用意があることを表明。「当面の急務は島内の政治的な障害を取り除き、多くの台湾同胞にワクチンを打たせることだ」と述べた。これに対し、台湾の大陸委員会は「偽の善意を示す必要はない」とし、中国大陸が邪魔さえしなければ「われわれは信頼性がより高いワクチンをより早く国際社会から入手できる」と反撃した。

台湾では中国製ワクチンに対する不信感も強い。陳時中は、「中国が打っているものは、怖くて使えない」と述べた。台湾の『遠見雑誌』が行った世論調査によれば、接種を希望するワクチンに関しては、五五%が台湾が開発したワクチン、三二%が欧米製、中国製と答えたのは一・三%に過ぎない。

中国はまた、台湾と国交を結ぶパラグアイとホンジュラスに対してワクチン供与の条件として台湾と断交するよう迫っていると報道されている。この両国にグアテマラとニカラグアを加えた四カ国が中南米では台湾と外交関係を結んでいるが、いずれもワクチン接種率は二~四%に止まっている。中国はこの四カ国へのワクチン外交では「一つの中国」の原則の下、攻勢をかけているのだ。

ワクチン調達難に喘《あえ》ぐ台湾に支援の手を差し伸べたのが日本と米国である。日本は六月四日、アストラゼネカ製ワクチンを百二十四万回分、無償提供した。米国もその直後、タミー・ダックワース氏ら三人の上院議員を超党派の形で台湾に派遣し、ワクチン七十五万回分の寄贈を発表した。バイデン政権は六月二十日、この分を含む二百五十万回分を無償供与した。いずれもモデルナ製のmRNAワクチンである。台湾政府はこれらを歓迎し、中国政府は「内政干渉だ」と強く牽制した。

コロナ危機に当たっての中国共産党と台湾民進党の政治闘争は、台湾の人々の「生命《いのち》」をどちらがより大切にしているか、という観点からの世論戦ともなっている。先の頼怡忠が「台湾のワクチン取得を困難にすることは台湾の民衆を故意に殺害することに等しい」と中国を指弾すれば、中国国務院台湾事務弁公室スポークスマンの馬曉光は「民進党の政治生命は、台湾の人々の生命よりも重要なのか」と非難する。

日米を巻き込んだ中台の〝超限戦〟とその先の「台湾海峡の平和と安定」をめぐる米中日台の地政学は、究極的には台湾の「民意」を誰が勝ち得るかをめぐる戦いの色彩を帯びつつある。

「人民が最大のリスク」（23・2）

中国共産党指導部はついにゼロ・コロナ政策を放棄した。二〇二二年春の上海市のロックダウンに象徴される中国の徹底検査、感染者隔離、感染者発生地域の封鎖（ロックダウン）の三位一体の対コロナ戦争はオミクロン株に負けた。ゼロ・コロナ敗戦である。

ゼロ・コロナ方針転換後、感染者数は激減している。ＰＣＲ検査を激減させているからである。しかし、検査が減れば感染の発見も追跡も難しくなり、状況把握が難しくなる。その結果、感染が拡大する。集中治療施設（ＩＣＵ）がパンクし、医療崩壊が起こる。これまで中国政府は、中国の感染による死者をこの三年間で五千人ちょっとに抑え込み、米国の百十万人に比べ大勝利であると宣伝してきたが、欧米の金融機関系の調査会社は、感染爆発が起これば死者の数は七十万〜百六十万人に達すると予測している。その時は、中国全土の同時多発感染爆発となるだろうから、二〇二〇年春の武漢市のロックダウン作戦の時のように各地から医師と看護師を大動員することはできない。この時、武漢に送り込まれた医療従事者は四万二千六百人に上った。

最大の問題は、共産党指導部がゼロ・コロナ路線の代案を用意して来なかったことにある。この路線貫徹による「成功物語」は中国の政治システムの優越性の表れであり、習近平主席の指導力の賜物《たまもの》であると謳いあげたため、プランBがつくれなかった。党中央は出口戦略のための明確な計画を持たないまま、方向転換したと見てよい。

ただ、どの方向に向かうかは曖昧である。

このような時、中央政府は地方政府と現場に難しい判断を押し付け、責任を転嫁しようとする。地方としては「上に政策あれば下に対策あり」で臨むことになる。今回のように上に政策がない場合、下は権益と保身で動く。

二〇二〇年三月下旬、こんな事件があった。

湖北省・武漢市のロックダウンが一部緩和され、湖北省の住民が揚子江に架かる九江長江大橋を渡って江西省に行こうとしたところ、橋の検問所に駐在する江西省警察に阻まれ、群衆が警察官とにらみ合った。そこへ湖北省警察官が湖北省住民の後押しをして介入したため、十人以上の江西省警察官が湖北省警察官に殴り込みをかけ、大騒動となった。中央が住民の省境を越える移動について明確な方針と指示を出さなかったことが騒動の背景にあった。

一党独裁（習近平の場合は、個人独裁）を国民に認めさせ、政治に容喙《ようかい》させない、その代わり経済と生活は保障する、そのような毛沢東後の中国共産党統治の暗黙の社会契約がゼロ・コロナ路線の下、反故《ほご》にされた。ゼロ・コロナ敗戦は、中国共産党体制の最大の脆弱性を改めて露呈させた。

私はかつて福島第一原発事故の検証を踏まえ、日本のありうる九つの「最悪のシナリオ」を抽出し、それらに対する危機管理の在り方を共同研究したことがある（日本再建イニシアティブ『日本最悪のシナリオ　9つの死角』、新潮社、二〇一三年）。その本の「おわりに」で、研究会メンバーの一人の永松伸吾関西大学准教授（現教授：危機管理論専攻）が議論の中で披露した北京の清華大学教授との会話について言及した。

「中国における最大の危機管理の対象は何ですか？」

永松氏がそう尋ねたところ、教授は答えた。

「それは人民です」

中国の為政者は人民を危機管理上の最大のリスクと捉えているのである。

危機の際、権力者は国民のパニックを恐れるあまり、脅威を発する事象そのものではなく、制御できなくなるかもしれない国民を脅威の源泉と見なすことが往々にしてある。それは〝エリート・パニック〟現象として知られている。

中国の場合、権力者、とりわけ地方の権力者は「父母官」という役割を演じることが期待されている。国民の父母として国民をしつけ、時にあやし、従わせる統治である。エリート・パニックと受け取られるような醜態をゆめゆめさらしてはならない。いま、手に手に「白紙」を掲げる若者たちの無言の抵抗を前に、「父母官」は彼らにどんなお灸をすえるか、思案中なのだろう。

天安門事件の後は、経済成長と楽観主義、そして愛国主義で若者たちを引っ張った。それは成功し、中国を誇りに思う数多《あまた》の愛国青年を生んだ。彼らのある者は香港を嘲り、台湾を見下し、新疆《しんきょう》ウイグル自治区をバカにした。そのような若者の愛国主義（民族主義）の風船が国産ワクチン敗戦で破裂した。党指導部は、米国を憎悪し、民族主義を煽る政治とプロパガンダにさらに傾斜するかもしれない。最後の砦《とりで》としての愛国主義カードである。その時、若者たちは「白紙」を掲げるだろうか。

第2章

ウクライナ戦争とユーラシア専制体制

19世紀以降、国々の興亡のドラマは、ユーラシアの勢力均衡と国際秩序をどうつくるかをめぐって展開した。21世紀もそれは変わらない

中ロは「甘」党ではなく「辛」党の共闘　（22・5）

中国はロシア軍のウクライナ侵略がウクライナの国家主権を蹂躙したことには口をつぐみ、国連総会のロシア非難決議も棄権した。秦剛駐米大使は「非難は問題の解決にはならない」とロシアを擁護する。そして、米欧日などの対ロ経済制裁を非難している。中国はウクライナとの間で二〇〇〇年から一三年までの間四回、共同文書を発表しているが、すべてウクライナの「独立、主権及び領土保全」を尊重することを誓約している。中国は今回、ウクライナを見事に裏切った。

世界中の激しい憤りと反発を前に、中国はその後、「中立」の姿勢を示そうとしている。ウクライナ側から「停戦の斡旋《あっせん》への期待」があったと進んで公表し、そうした期待を促している形だ。しかし、バイデン米大統領がテレビ会談で習近平中国国家主席にロシアへの経済・軍事支援をしないよう求めたのに習主席は言質を与えなかった。

二月四日の北京冬季オリンピック開会式前の中ロ首脳会談後に発表した中ロ共同声明に

は「中国側は、欧州における法的拘束力のある長期的な安全保障を構築するというロシア側の提案を理解し、支持する」との一文がある。ウクライナのことだが、国名は触れられていない。ロシアとしてみればウクライナを名指しで入れたかったはずだが、中国が難色を示し、一般論の形でロシアの言い分にお墨付きを与えたのだろう。

習近平は「不意を衝かれた」ということなのか。プーチンがウクライナに対する全面戦争をしでかすとは思っていなかったふしもある。ウクライナ侵攻前に、中国の要人が第三国の高官に「ウクライナに実際に攻め入ることはないと思う」との見方を伝えたという情報もある。もし、そうであるのなら習近平は不明を恥じなければならない。逆に、知っていて知らないふりをしているのであればそれこそ共犯関係となる。

ただ、習近平の中国とプーチンのロシアは戦略的協力関係に変貌したと見るべきなのではないか。中ロを「上限のない協力関係（不設上限合作）」と謳った今回の共同声明はそれを告げる歴史的な文書ともいえる。中ロ関係について、習近平は「同盟ではない、同盟に勝る関係だ」と語っていた。「上限のない協力関係」はこの認識を下敷きにしたに違いない。

共同声明は、さらに次のような点を確認している。

・NATOのさらなる拡大に反対。
・アジア太平洋地域における閉鎖的な同盟システムの構築および陣営間の対立の創出に反対。
・AUKUS（米英豪の安全保障枠組み）の創設、特に原子力潜水艦等の戦略的安定に関わる分野における協力について重大な懸念を表明。
・第二次世界大戦の歴史を否定、歪曲及び改竄《かいざん》しようとする試みに対抗。戦勝国の名誉を侮辱し汚す行動を断固として非難。
・外部勢力が両国共通の周辺地域の安全と安定を損なうことに反対、いかなる名目の下であれ、外部勢力が主権国家の内政に干渉することに反対、「カラー革命」に反対。

まさに「反対」のオンパレードである。

双方とも第二次世界大戦の連合国、すなわち「戦勝国」である。その聖なる立場から「世界大戦の悲劇が繰り返されることを防止するため（中略）戦勝国を中傷し泥を塗る行為を断固として非難する」（共同声明）。ここは、ウクライナ侵攻を反ナチス祖国防衛として正当化するプーチンの歴史観にお墨付きを与えたと見ることもできる。

にもかかわらず、中ロ関係は地理と歴史の暗いしがらみを背負っている。相互の不信感は深い。中ソ同盟は一九五〇年代末の中ソ対立で空洞化したし、七〇年代初頭、中国は米国に寝返り、八〇年代、米国と対ソ反覇権の共同戦線を張った。そして、ソ連は崩壊する。

ロシアがウクライナの泥沼にはまるのを見て、中国の外交・安保専門家の中には戦争の長期化は放っておけばよいとの意見もある。米国、欧州、ロシアの〝旧時代の大国〟が消耗戦で国力を浪費するのは中国にプラス、ということらしい。中ロはいまも互いに信頼していない。しかし、彼らは米国をもっと信頼していない。その一点において、彼らは相互を必要としている。過去の屈辱、民族の血とプライド、核保有威圧といったレアルポリティーク（権力政治）の情念においてもlike-minded（同志国）なのだ。

中国のロシア通の間では「中俄只能共苦、不能同甘（中国とロシアは、苦い思いをともにすることはできるが、幸せをともにすることはできない）」との言い伝えがあるという。共通の敵と戦うときだけ便宜的に組む共闘関係だというのである。

中ロは「甘」党の同盟なのではない、「苦」党、いや「辛」党の共闘なのだ。西側と民主主義国へのうらみつらみだけを共有する、それもロシアが中国に依存するいびつな超「辛」党の〝中ロブロック〟が立ち現れてきた。

プーチンの戦争「誤算の本質」

（22・8）

ウクライナでは現在、ロシア軍が東部のドンバス地方に戦力を集中、ウクライナ軍も反転攻勢で応じ、一進一退が続いているようである。ただ、ロシア軍はロケット弾の数ではウクライナ軍を圧倒しており、ウクライナ軍は苦戦を強いられている。一言で言えば、凄惨な塹壕《ざんごう》戦となった第一次世界大戦のような消耗戦に突入しているのだ。

それでも、ゼレンスキー大統領は揺るぎない戦争指導力を発揮しており、ウクライナ軍の士気はなお高い。国民も国を守る気概を失っていない。

プーチン大統領は、「特別軍事作戦」の「衝撃と畏怖」によってウクライナ政府を瓦解させ、三日ほどでキーウを制圧できると踏んでいたふしがある。ところが、作戦も戦闘準備も兵站《へいたん》も粗雑だった。二週間を目途に作られていたとも言われる。軍事演習と聞かされていたところそのまま戦場に送り込まれた兵士もいた。雪解け時期の戦車行動となったため戦車が一列縦隊で走行し、対戦車兵器の格好の餌食となった。装甲車のタイヤがパンクしても代替が来ない。糧食が腐っている。兵士たちは食料品店に押し入り、略奪した。電撃戦で一気に勝利するはずだったが「畏怖なき衝撃」に終わり、戦局は泥沼化している。

プーチンとしては大誤算である。

どこに問題があったのか？

その理由を一つだけ挙げるとすれば、「彼を知り、己を知れば百戦殆《あや》うからず」という『孫子』の教えを無視したことに尽きる。プーチンはウクライナを知らなかった。侵略の直前、二〇一四年のドンバス地方の分離運動の指導者であったイゴール・ギルキンが、ウクライナ軍は八年前に比べはるかに備えができているのにロシア軍の動員態勢は不十分だ、と警告を発した。しかし、プーチンは聞く耳を持たなかった。ウクライナの専門家の見解を聞かず、彼は自分と同じシロビキ（情報機関出身）の「喜ばせ組」の側近とだけ話して物事を決めた。ひょっとしてプーチンは、「ナチス」に迫害されたウクライナ人たちが進駐するロシア軍を「解放軍」と見なして歓迎すると本気で信じていたのではないか。

軍事史家のローレンス・フリードマンは、プーチンは「ウクライナはチェチェン、ジョージア、シリアでの軍事作戦とは全く異なる挑戦であることを認識していなかった」とし、「現場からの情報を吸収し、適応することができない硬直的で階層的な指令構造」の問題があったと指摘している。この構造の下では、下は保身のため上の判断や命令を問いただすことはしない。一旦、作戦を決めると、〝戦場の真実（ground truth）〟にはお構いなしに、それをひたすら実施する。現場で物事を決められず、判断も決断も中央に伺いを立てるようになる。将軍レベルの指揮官が前線で直接、指揮をせざるを得なくなり、その結果、ウクライナ軍の攻撃で十名近くの将官が戦死したと報じられた。要するに、プーチンのウクライナ戦争は、「最高指揮機能の失敗そのものの事例」である。ただ、それはプーチンに特有のことではなく「自らの宣伝を信じてしまう専制政治体制の典型」とみなすべきだというのだ。

　プーチンが何も学ばなかったということではない。彼は、ソ連の「敗北」から学んでいる。ソ連が破綻したのは一九八〇年代後半の石油収入の減少によってではなく、ゴルバチョフ共産党中央委員会書記長が「中央銀行、ルーブル、財政メカニズムを制御できなくなったこと」だと学習していた。二〇一四年のクリミア併合の後の経済制裁に対して、ルーブルを切り下げ、石油収入の八〇％は強制的にルーブルに交換することを義務付ける外貨規制策を導入し、ルーブル暴落を防いだ。「もし、ゴルバチョフにこのような専門家たちがついていればソ連は存続していたかもしれない」とロシア出身の歴史学者、ヴラディスラヴ・ズボクは記している。ロシア中央銀行が現在、六千億ドルもの外貨準備を保有しているのもこの教訓故であろう（経済制裁によってこのうち米欧日の中央銀行で運用している三千億ドルは凍結されている）。

ただ、プーチンはもう一つ、二〇一四年のクリミア併合の「勝利」からも学んでいる。この時、ウクライナ政府は腐敗しており、軍隊も統制が取れていなかった。「短期、無血」の勝利。併合に対して欧米は対ロ経済制裁を実施したが、及び腰だった。プーチンの一人勝ちだった。

彼はこの「勝利」から学び過ぎたのだろう。勝ちすぎたことで酩酊してしまったのだ。先の戦争における日本の敗戦を組織文化の観点から分析した野中郁次郎他の名著『失敗の本質』は、日本軍が「学習棄却（unlearning）」できなかったことを失敗の要因の一つに挙げている。日本の軍部は過去の成功物語に囚われ、その経験を教条化し、学習を棄却できなかった。プーチンの「誤算の本質」もそこに起因しているように見える。

ウクライナ戦争「あの時と似ている」（22・11）

ウクライナ軍によるハリコフ州奪還とロシア軍の雪崩《なだれ》を打ったような敗走は、七カ月を超えたウクライナ戦争の最大の転換点となりそうである。太平洋戦争で言えば、一九四二年のミッドウェー海戦での致命的敗北のようなものだ。ウクライナ戦争はその時折の局面で、過去の「あの時と似ている」いくつもの歴史的モーメントを孕《はら》みながら展開している。

二〇二二年五月、ヘンリー・キッシンジャーはダボス会議にオンラインで登壇し「（ロシアとウクライナの）境界線を戦争前の状態に戻すのが理想だ」と述べた。クリミア半島を取り戻そうと思うな、との警告とも読める。ウクライナのゼレンスキー大統領がすかさず「キッシンジャーさんのカレンダーは二〇二二年ではなく一九三八年のようですね」と皮肉った。この年、チェンバレン英首相とダラディエ仏首相は、ミュンヘンでヒトラーと会談、結局オーストリア併合を黙認した。ロシアへの宥和《ゆうわ》政策は新たなミュンヘン・モーメントだ、とゼレンスキーは説いたのである。

プーチンはこの戦争を「特別軍事作戦」と名づけ、国内では「戦争」と呼ぶことを禁止している。これは一九三七年の支那事変（日中戦争）を彷彿《ほうふつ》とさせる。日本は「事変」のまま、宣戦布告なしに全中国での泥沼の戦争に迷い込んだ。これに先立つ一九三一年の満州事変から満州国建設までの作戦が楽勝だったため支那事変の展望を甘く見たこともある。ロシアのクリミア半島併合が楽勝だったので、今回、情勢を甘く見たのだろう。

ロシアのウクライナに対する侵略は、一九三九年十一月、ソ連が中立国のフィンランドを侵略したものの、その英雄的な抵抗により、引き下がらざるを得なかった時に似ている。フィンランドはこの戦争を「冬の戦争」と呼んでいる。ウクライナ戦争はいま、まさに「冬の戦争」モーメントに突入しようとしている。

いや、ロシアにとって今後もっと深刻な状況に追いやられる可能性もある。一九〇四〜〇五年の日露戦争モーメントである。四月のウクライナ軍のミサイル攻撃によるロシア黒海艦隊の旗艦、モスクワの撃沈は日露戦争の時のバルチック艦隊の沈没を彷彿とさせた。日露戦争の敗北が帝政ロシア崩壊の引き金を引いた。

しかし、追い詰められれば追い詰められるほど、ロシアは戦術核を使用する誘惑に駆られるかもしれない。この戦争がロシアの核オプション検討へとエスカレートした場合、それは一九六二年のキューバ危機モーメントとなる。国際政治学者のチャールズ・カプチャンは「この戦争は、キューバ危機以来、もっとも危険な地政学的モーメントだ」と述べている。

もう一つ、ウクライナ戦争は中国とロシアの対米ブロックを生み出しつつある。九月のウズベキスタン・サマルカンドでの中ロ首脳会談では、プーチン大統領が習近平中国国家主席に開口一番、「中国の疑問と懸念を理解する」とへりくだってみせた。習近平は対ロ前のめりへの国内の不安や批判を抑え込み、中国がプーチンの戦争に距離を置いていることを世界に印象づけることができた。米中対立が深まる中、習近平がプーチンを見捨てることはない。ロシアがさらなる対中経済依存に傾きつつ、そして、中国がロシアの西側志向を阻みつつ、中ロ専制主義ブロックが構築されていくだろう。

しかし、ロシア軍がウクライナからの完全撤退に追い込まれれば話は別である。プーチンが失脚し、ロシアが不安定になる恐れがある。ひょっとして——現時点では考えにくいが——西側志向の新体制が生まれることになれば、逆方向の一九七二年モーメントとなりかねない。ニクソン訪中による対ソ牽制のための米中接近の逆で、対中牽制のための米ロ接近である。

ウクライナ戦争以来、米国はじめ対ロ制裁連合は、中国企業がロシアに半導体やドローンなどの戦略的製品・部品や物資・資材を輸出しないよう目を光らせている。中国の『環球時報』は、「百年以上前の『八カ国連合軍』を思い起こさせるが、今の中国は列強に翻弄される清国なのだろうか」と述べ、西側を批判した。一九〇〇年、義和団が北京の各国の公使館を包囲したのに対して列強八カ国が総計約一万八千人の軍隊を派遣し、包囲網を解除させたことを指している。

中国は、ウクライナ戦争で中国企業への制裁と締め付けがますます厳しくなっているとして神経質になっている。経済史家のデール・コープランドは「米国が一九四一年に、米英が支配する石油への日本のアクセスを切断したように、いま、台湾の半導体への中国のアクセスを切断するのではないか、と中国は疑っている」と記している。制裁は対象が急所であればあるほど戦争を引き起こしかねない。一九四一年モーメントが経済制裁の失敗例だったことを忘れてはならない。

ウクライナ戦争の勝ち方

（23・4）

ウクライナ戦争は、一年経っても決着がつかない。ウクライナの国民の英雄的な戦いは同国東南部でのロシア軍の占領を半分以上、崩壊させたが、ロシアはさらに軍を動員、投入し、消耗戦、持久戦に持ち込む構えである。朝鮮戦争は一九五〇年六月、北朝鮮の侵略で始まったが、休戦協定が結ばれたのは一九五三年七月、三年にわたる消耗戦だった。ソ連は戦争を長引かせることで米国、さらには中国を疲弊させようとした。

戦争をどこかで終結させなければならない。いずれかの段階でロシアとウクライナの間で休戦協定を結ぶ必要がある。Ｇ７首脳会議は「ロシアを勝利させない」ことを目的に掲げるが、それが何を意味するのか、そして意味させるべきか、つまり「ウクライナ戦争の勝ち方」を考えなければならない。

ウクライナにとって、そして同国を支援する日本を含む国々（グローバル・ウエスト）にとって、この戦争をどのように終結させることが望ましいのか。欧州とインド太平洋の秩序とパワーバランスにどのような意味を持たせる戦後計画を描くべきか。そして、その中での日本のゲームプランは何か。

そもそも、ここからどのような教訓を導き出すべきか？

ロシアに対するウクライナと米国とＮＡＴＯの抑止力が効かなかったことが最大の教訓である。ウクライナ支援は、ロシア、さらには同じような修正主義国家に対する抑止力の再構築の営みでもあることを忘れてはならない。戦後計画においては、ウクライナの安全保障をＮＡＴＯと有力関係国が保証し、ロシアを欧州の安全保障の枠組みに組み込むことが不可欠となる。その際、ウクライナの中立（自衛能力を持った中立＝fortified neutrality）を中心的な柱に据えることになるだろう。ＮＡＴＯには加盟しない、しかし、ＥＵへの加盟を認める。

次に、ロシアに対する経済制裁は効いてはいるが、思ったほど効いてはいないことを知るべきである。ロシアがウクライナに対するインフラ破壊と国民の戦意喪失に照準を合わせたトータル戦争にギアアップするにつれ、ウクライナの経済が急速に摩耗・疲弊している。経済の戦争は、軍事の戦争よりはるかに戦うのが難しい。常にその費用対効果をレビューする必要がある。

それから、中国とロシアがグローバル・ウエストに対抗し、連携し続けている事実である。中国は、ロシアの戦争とは一定の距離を置いているように装っているが、ロシアを外交的、経済的に下支えしている。少なくとも対ロ軍事（関連）支援をさせないよう対中圧力をかけ続けるべきである。

そして、グローバル・サウスのグローバル・ウエストに対する、なかでも対ロ経済制裁に対する抵抗と反発の強さ。ここは、西側が虚を衝《つ》かれたところである。アフリカにおける英国とフランスの影響力の低下と中国とロシアの影響力の増大が、その反発の強さを劇的に示している。アフリカの指導者たちが一九六〇年代のような「反植民地主義」的修辞を使い始めている。

ウクライナ戦争には、民主主義国対専制主義国の戦いというイデオロギー戦争の側面があることは否定できないが、そのような両陣営の戦いに収斂《しゅうれん》させるのは、グローバル・サウスとの連携にマイナスである。ロシアの侵略は、国連憲章と国際法に違反しており、このような力による現状の一方的変更は許されない、との一点でグローバル・サウスとも協調してロシアを孤立させるべきである。

これらの教訓は、いずれも中国にとっても教訓となりうる。

台湾有事、南シナ海・東シナ海の領土紛争、中印国境紛争、北朝鮮の核・ミサイル瀬戸際外交において、中国が取る行動に何らかの影響を及ぼし、抑止と自制を促す効果を持つことができるかどうか。それも戦後計画の重要な隠れた意図となるだろう。

中国の力の強制と攻勢にさらされている国々が抑止力を強化し、統合抑止力強化で協力する。核保有国であり国連安保理常任理事国の大国に対しても、必要ならばグローバル・ウエストは経済制裁を行う意思と能力を発揮する。中国はロシアと違い、食糧、エネルギーの輸入とシーレーン防護に弱みを抱えている。中国は、ウクライナ戦争を長引かせることで米国を西欧にくぎ付けにし、グローバル・ウエストの支援疲れと亀裂を起こさせることを考えているかもしれない。しかし、出口のない戦争の泥沼に喘ぐロシアとの反米枢軸強化は外交的、経済的に割りに合わないお荷物となるだろう。中国の強みは、グローバル・サウスへの経済浸透である。しかし、中国には、G7やNATOのような共通の価値観と機構インフラと協同作業を積み上げた、すなわち信頼で結ばれた盟友はいない。

G7とNATOのカムバックと対ロシア制裁約四十カ国のグローバル・ウエストの連帯の強さもまた、ウクライナ戦争の教訓の一つである。

Ｇ７はヒトラーを防げたか？（２３・６）

「戦前、サミットがあれば、ヒトラーは生まれなかったかもしれない」

一九八〇年代末、オランダの歴史家兼外交官だったマックス・コンスタム欧州大学研究所初代学長からそんなサミットへの評価を聞いたことがある。

主要な民主主義国が完全雇用と物価安定を経済政策協調によって追求し、世界の平和と安定のために国際秩序とルールを維持し、強権国の力による現状変更を阻止するべく抑止力強化を共に図る。そのような司令塔とメカニズムによってファシズムを二度と誕生させない、との欧州の祈願がこの言葉には込められていた。

しかし、一九七五年の創設から約半世紀を経たいま、Ｇ７が戦前あったとして、果たしてナチスを防げただろうか、という疑問が涌《わ》いてくる。

Ｇ７は、プーチンのウクライナ侵略を防げなかった。中国の南シナ海と東シナ海の海洋権益拡張のための力による一方的な攻勢を許してしまった。

それにG7はこの間、何度も死亡宣告を突き付けられてきた。

一九八五年のG7ボンサミットでは、ミッテラン仏大統領が「G7経済サミットは無意味であり、今回を最後に、私はもう来ないかもしれない」と宣言した。

リーマンショック後、政権を担ったオバマ米大統領は二〇〇九年、ピッツバーグで第三回G20サミットを開催した。「G20が永遠にG7にとって代わることになるだろう」と謳った。トランプ米大統領は二〇二〇年、「G7は世界の状況を適切に反映しておらず、極めて時代遅れだ」として、ロシア、オーストラリア、インド、韓国を加えたG7改編構想を打《ぶ》ち上げた。

しかしウクライナ戦争後、G7は結束を強め、「法の支配」を維持する最後の砦のような役割を果たしつつある。

G7広島サミット（二〇二三年五月開催）は、「プーチンロシア大統領がウクライナとの戦争で勝利することがあってはならない」（G7首脳声明、二〇二二年五月九日）との路線を踏み固めるとともに、グローバル・サウスとの連携を探求することが求められる。

もう一つ、G7広島サミットで確認すべきことは、西欧とインド太平洋の安全保障の「一体不可分性」である。ユーラシアのロシア、中国、イランの専制政治枢軸体制が登場する中で、欧州とインド太平洋の安全保障は「一体不可分」となって抑止力を強める必要がある。マクロン仏大統領は「欧州にとっての大きなリスクは、我々のものではない危機に巻き込まれることだ」として台湾海峡をめぐる〝安全保障のデカプリング〟を言い立てているが、この論理は中国にＧ７諸国間に対して楔《くさび》を打ち込む誘惑を与えるだけだ。一九八〇年代、西側安全保障の「一体不可分」を唱え、米ソによる欧州ＩＮＦ（中距離核戦力）全廃交渉に対して、極東配備のＩＮＦも交渉対象とすべきであると主張した中曽根康弘首相のサミット外交を想起すべき時である。

　これは中曽根がＧ７ウィリアムズバーグサミットで最初に提起し、その後米欧首脳の間でも共通認識となった。Ｇ７サミット研究で名高いロバート・パットナムはＧ７ウィリアムズバーグサミットを「日本を西側の安全保障の討議に巻き込んだ歴史的金字塔だった」と高く評価している。

　中曽根はその二年後のＧ７ボンサミットでは先のミッテランの「今回を最後に、私はもう来ないかもしれない」発言の後、挙手し、次のように述べた。

「あなたの国は民主主義の歴史も長いし、周りも民主主義国だし、首脳会議もいつも開いているから、Ｇ７サミットもその一つなのかもしれない。しかし、日本は欧州と違って民主主義国に囲まれているわけではない。西欧の民主主義の概念は日本も大変な思いをして機能させてきた。近隣諸国にはどこもそれを根付かせた国はいない。日本にとって自由と民主主義の世界の大国と毎年開催するこの首脳会議は象徴的にも大きな意味を持つ。いや、それは日本にとってだけではない。あなた方にも重要な意味を持つべきなのだ。なぜなら、日本は世界の民主主義体制の一環なのだから」

Ｇ７広島サミットは、ウクライナを支援し、経済制裁を維持し、「法の支配」を確立することを目指さなければならない。そのためにも、西側の安全保障の「一体不可分」の重要性を再確認する必要がある。

「今日のウクライナは明日の東アジアかもしれない」（岸田文雄首相）との主張の本質は、安全保障の「一体不可分」に他ならない。それを改めてＧ７の共通原則として確立する時である。それによってＧ７を再発見することである。

西側の安全保障協力による抑止力の強化に向けて、そして「法の支配」に基づく国際秩序構築を目指して、Ｇ７加盟国が「一体不可分」で協調できるかどうかが、二十一世紀のヒトラーの登場を阻むことができるかどうか、を決するだろう。

ASEANはグローバル・サウスか？（23・8）

ウクライナ戦争が問いかけていることの一つが、いわゆるグローバル・サウスの挑戦である。G7を中核とする西側が経済制裁も含めてロシアと対決するが、ウクライナを支援することに距離を置く多くの南の国々が存在する。その根底には、開発途上国を中心とするこれらの南の国々が、米国が戦後、主導してつくりあげてきた自由で開かれた国際秩序に不満を募らせている現状がある。

G7広島サミットでは、インド、ブラジル、インドネシアなどのグローバル・サウスの大国の首脳を招き、対話を試みた。しかし、全体で五万字（和文）にのぼる共同声明・宣言の中にグローバル・サウスの言葉はなかった。

西側がグローバル・サウスを意識してグローバル・ガバナンスの改革を進めようとしたケースがG20サミットの立ち上げである。リーマンショックの後、オバマ米大統領が呼び掛け、実現した。オバマは「ルーズベルトとチャーチルが同じ部屋で二人だけでブランデーをちびちびやりながら話し合いをするのなら交渉はもっと楽だ。しかし、いまはそういう世界ではないし、そういう世界であるべきでもない」と述べた。

正論だったが、その後、G20が新たな国際秩序を構築する司令塔になったかと言えば大いに疑問である。せっかく作ったG20がその後、機能しなかったことがウクライナ戦争を契機としたグローバル・サウスのナラティブ化とイデオロギー化をもたらしているともいえるのだ。

グローバル・サウスは、一九六〇年代に流行った従属理論の焼き直しに他ならない。南の国々、なかでもアフリカとラテンアメリカが欧米（多国籍企業）に従属させられ、搾取されているが故に構造的な貧困と発展の遅れを強いられているという左翼イデオロギーの残渣《ざんさ》と言えるだろう。地域の大国が地域秩序を形成する意思と能力を持ちえず、英仏がアフリカで、米国がラテンアメリカで地域の発展と安定の「最後の砦」の役割を果たせなくなった時、グローバル・サウスという妖怪が世界をさまよい始めたのである。

重要なことは、そのイデオロギーに対してイデオロギーで応えるのではなく、ここで提起される課題を個別具体的に政策として取り出し、双方の政策協調を進めることである。グローバル・サウスと呼ばれるところも地域ごとに課題の性格や取り組みのあり方、アプローチの方法も異なるだろうから、地域ごとに対応策を練ることである。

その際、グローバル・サウスの中の地域の大国の役割が重要である。インド、ブラジル、トルコ、インドネシア、南アフリカ……これら地域大国がそれぞれどのような地域秩序と地域統治の構想を描いているのか、がカギである。

ここでは、東南アジアが一つのモデルケースとなりうる。

「ＡＳＥＡＮはグローバル・サウスか？」――先日、シンガポールで開かれたシャングリラ対話に出席したとき、東南アジアの識者とこうしたテーマを話し合った。

ＡＳＥＡＮ十カ国は約六億七千万人の人口を擁する。一人当たりＧＤＰが約七万三千ドルと日本の二倍近いシンガポールから一千ドルちょっとのミャンマーまで大きな開きがある。シンガポールがグローバル・サウスであるはずはない。シンガポールはロシアに対する経済制裁に加わっている。

しかし、インドネシアはどうか。この国はインドとともに一九五五年のバンドン会議、すなわちその後の非同盟運動の旗振り役を担った。旧知のインドネシアの外交官が言った。

「ジョコ・ウィドド（大統領）には、自分はスカルノの遺志を継いでいるという意識がある。バンドン会議の非同盟の流れだ。ただ、その言葉には『対決』の語感が漂うため、望ましくないと思っている。一方で、グローバル・サウスという言葉はあまりにも茫漠として、焦点が定まらない。彼はインドネシアは新興勢力であるという言い方を好む」

その上で、彼は付け加えた。

「結局は、経済の発展段階によるのではないか。ジャカルタの住民は自分たちはグローバル・サウスとは感じていないだろう。ただ、わが国は地域によって発展段階は大きく異なる。貧しい地域の人々はグローバル・サウスと見なすと思う」

ちょうど三十年前の一九九三年九月、世界銀行は『東アジアの奇跡――経済成長と公共政策』と題する報告書を公表し、東南アジアを含む東アジアの経済成長と経済離陸は世界からの直接投資と世界との技術提携を活用したことによると結論づけた。

グローバル・サウスにこの東アジアの経験を伝え、東アジアから投資と技術を供与し、改革と開放、そして成長と開発を促すべきである。Ｇ７と地域の大国が、それを持続的に可能にする自由で開かれた国際秩序と法の支配を強化し、こうした試みを下支えするために協調する時である。

第3章

米中対立と日本の生きる術

中国の地政学的な攻勢は、2010年7月に楊潔篪外相がシンガポールに対して「中国は大国だ。あなた方は小国だ。それは厳然たる事実だ」と宣言したことから始まった

米国衰退論の地政学

（20・12）

二〇二〇年の米国の大統領選挙は、どちらが勝とうとも米国の今後の長期的趨勢《すうせい》を決する歴史的な選挙となるだろう。

米国は、トランプ政権の下で世界からの撤退を始めた。それを突き動かしたのは米国の社会の分断であり、荒廃である。ここから米国はさらなる衰退へと向かうのか、それとも衰退を食い止め踏ん張るか、あるいは再生に向けての反転のきっかけをつかめるかどうか、の分水嶺の選挙となるに違いない。

米国の衰退は戦後、何度も取りざたされてきた。いまから振り返れば米国のパワーの絶頂期ともいうべき終戦直後にソ連の核実験成功、朝鮮戦争の膠着《こうちゃく》、さらには一九五七年のスプートニク・ショックといった挫折を味わい、早くも衰退がささやかれた。

一九六〇年代のベトナム戦争の泥沼を経て一九七五年のサイゴン陥落に至って米国内に疲労感と衰退感が広がり、カーター政権が登場した。カーターは一九七九年の第二次石油危機に際して米国の「自信の危機」を克服することを呼び掛けたが、一九八〇年の大統領選挙でレーガンに敗北した。

レーガン革命で立ち直ったかに見えた米国だが、この間も経済と技術の両面で日本に追い上げられ、追い抜かれ、再び米国衰退論が取りざたされた。一九八七年に出版されたポール・ケネディの『大国の興亡』は「手を拡げすぎた帝国」の危険に警告を発した。「米国の世界での利害と義務は、それを裏打ちすべきパワーをはるかに超えている」と言うのである。

ところが、レーガン政権からブッシュ政権にかけて天安門事件（一九八九年六月）、湾岸戦争（一九九一年一月）、ソ連崩壊（一九九一年十二月）が立て続けに起こった。

だが、米国一極構造の栄華も長くはなかった。米国史上最長の戦争を続けたものの結局撤退に向かったアフガニスタン戦争、占領後、破綻国家を生み出し、イランの勢力伸長の手引きをしただけのイラク戦争、米資本主義の危機と経済倫理の腐敗を露わにしたリーマンショックは、米国の威信とパワーを大きく傷つけた。米国衰退論が再びにぎにぎしく唱えられ始めた。

米国衰退論をどこよりも熱心に論じてきたのが中国である。江沢民、胡錦濤、習近平と三代の国家主席の参謀を務めてきた王滬寧政治局常務委員はかつて『美国反対美国』（一九九一年）と題する著作をものしたことがある。トクヴィルの『アメリカのデモクラシー』のポジをネガに現像し直したような著作である。トランプの米国で剝き出しになった米国の荒《すさ》みようは王滬寧の米国衰退論を裏打ちした形となった。中国は、現在の「パックス・アメリカーナ」の三本柱を国連、軍事同盟、民主主義の価値観とみなしているが、米国の国連（機関）からの脱退（あるいは脱退の意向表明）、同盟関係の緊張、ポピュリズム政治に覆われる民主主義国の混迷などをいずれも「米国衰退の加速化」と受け止めている。

そこへ新型コロナウイルス危機が起こった。ここでの米国の惨状と対応策の失敗は、米国衰退論を一般市民にも浸透させることになった。

「これは米国の世界でのリーダーシップにとってはワーテルローの戦いだ」

そんな論評もメディアには掲載された。

英国とプロイセンの連合軍がナポレオンの軍隊を破ったワーテルローの戦い（一八一五年）のような「決戦」で米国が敗北したとの見立てだ。

中国がなおも恐れる米国の軍事力とドルの支配力についても、空母とF-35に象徴されるアナログ軍備に対して〝空母キラー〟と〝グアムキラー〟と呼ばれる弾道ミサイルの開発・配備によって、そしてドル支配と金融制裁についてはデジタル人民元による通貨蛙飛び戦略によって、米国を大衰退へと転げ落とそうとしている。

しかし、中国が米国衰退論を歴史の必然とみなすのは危険である。米国が衰退し続けると確信した場合、中国は攻勢をかけても米国は守勢に回るのが精いっぱいだと計算し、〝先手必勝〟の誘惑に駆られる恐れがある。

その一方で、米国自身が衰退に向かうしかないと思い詰めた場合、米国は比較的優位な戦略的地位を保っている間に中国に反撃し、優位性を維持しようとの誘惑に駆られる恐れもある。

米国はもう一度、国力を底上げしなければならない。インフラ投資、国民皆保険、教育の機会均等、製造業・中小企業の育成、金融肥大化・暴走の規制、中産階層の再建、中道の政治の復活……おそらくそれは一世代を要するプロジェクトとなるだろう。しかし、「どの国も国力以上の外交力は発揮できない」（ケネディ大統領）のである。

その覚悟を内外、なかでも中国に示すことが中国の米国衰退論がもたらす誤算リスクに対するもっとも効果的な対抗策であり抑止策となるに違いない。

米国の〝同盟カントリー・リスク〟（21・2）

バイデン次期米大統領は、米国の世界への再関与と同盟重視を新政権の最重要外交課題に掲げている。バイデンは大統領選挙中、トランプ大統領の同盟軽視が米国の国際的な地位と影響力を著しく損なったと厳しく批判してきた。確かに、トランプはEU諸国を貿易上の「敵（foe）」呼ばわりし、米国のNATO脱退を匂わし、ドイツからの米軍撤退を進めるなど、同盟を弱めた。アジア太平洋でも米朝首脳会談の〝取引〟の邪魔だといわんばかりに米韓合同軍事演習を突如、延期するなど同盟を蔑《ないがし》ろにした。

しかし、バイデンの同盟重視は掛け声倒れに終わるのではないか、と米国の同盟国は不安を抱いている。米国は世界の新型コロナ感染者の四分の一を占めるなど惨憺《さんたん》たる状況に喘いでいる。バイデン政権は何よりもまず、コロナ危機の克服に全力を注がなくてはならない。バイデン政権は、外交より内政を重視せよ、との世論の圧力を無視できない。

より深刻な問題は、米国の統治危機である。コロナ危機は、経済格差と人種差別が健康弱者と教育弱者を構造的に生み出すこと、そして右と左の政治の分断が統治を麻痺させること、を如実に示した。同盟再建にとっての最大の障害は、このような米国の統治の構造的な脆弱性である。先の大統領選挙は、青と赤に完全に真っ二つに割れた。この党派的な大分断状況は今後もかなりの期間、続きそうである。

　米国の同盟国の政治指導者は、そのような米国とどのように付き合うべきなのか。彼らは物事を決定しても執行できるのか。今の政権と取引しても四年後に覆されるのではないか……同盟国は対米ヘッジの誘惑を感じるようになるだろう。それは米国と同盟国の戦略的競争相手にとっては同盟に楔《くさび》を打ち込む格好の機会となる。

　同盟には、「巻き込まれ」と「見捨てられ」のリスクが同時に内在する。その両者のリスクは今後ともついて回る。ただ、同盟国は今後、米国との同盟を経営する上でのリスク――〝同盟カントリー・リスク〟――を今まで以上に意識せざるをえない。

　米国の〝同盟カントリー・リスク〟は長期的にさらに高まるかもしれない。米国のＺ世代とミレニアル世代の半数近くは社会主義に賛同しているとの世論調査もある。Ｚ世代は二〇〇〇年代生まれのインスタ世代。ミレニアル世代は一九八〇年以降に生まれ、二〇〇〇年代初頭に成人となった世代のことである。彼らの中には軍事同盟の概念そのものに忌避感を抱くものも多い。もう一つ、二〇四〇年代になると白人が少数派（最大の少数派）になり、ヒスパニックがそれに次ぐ有力な政治勢力として台頭する人口動態の変化である。どの人種もすべて少数派となる事態は、米国をさらにアイデンティティ政治へと傾斜させる恐れがある。戦後の米国の同盟システムは、英国や日本のようなユーラシアの周縁の島《とう》嶼《しょ》との海洋同盟を中軸とし、欧州、中東、北東アジアに米国に挑戦する覇権国を登場させないための装置であり、それが「長い平和」と「米国の世紀」の礎を築いた。アイデンティティ政治の磁力の前に、こうした世界観や戦略観の内政的基盤を維持するのは大きな政治指導力を要する。

　米国の世界への参画は長期的により選択的になる公算が強い。現在の同盟国（37カ国）と同志国との関係にも濃淡が生じてくるだろう。その場合、英国、日本、カナダ、オーストラリアの第一層、中国とロシアからの脅威を直に受けるフロントライン国家（地域）であるインド、ベトナム、台湾、ポーランド、バルト諸国などの第二層、そしてその他、に色分けされる可能性がある。「その他」の中の韓国やトルコは、軍事同盟より政治同盟の色彩を強めることになるかもしれない。

　日本の場合、条約に基づく米国との同盟に加えて英、豪、フランス、インドが準同盟国の位置づけになりつつある。いずれもＡＣＳＡ（物品役務相互提供協定）、ＧＳＯＭＩＡ（軍事情報包括保護協定）、防衛装備品・技術移転協定を結び、２プラス２（外務・防衛閣僚会合）を行っている国々である。同盟と準同盟と同志国（like-minded countries）の幅広い安定力と勢力均衡を維持、発展させる必要がある。

その際、貿易・投資・技術・データのルールや規範や標準をめぐる地経学的闘争が熾《し》烈《れつ》になりつつある中、同盟もまたこうした分野での協力を強化すべきである。とりわけ重要なのがサイバー・パワー面での協力である。国際政治を動かす究極のパワーは、十九世紀末からのシー・パワー、二十世紀半ばからの核パワーに次いで今世紀はサイバー・パワーとなる。国家サイバー・パワーを極大化させようと各国はしのぎを削っている。

米国の〝同盟カントリー・リスク〟を上手に管理し、同盟イノベーションを進めるため、日米双方の同盟経営力を発揮するときである。

「人が政策」バイデン政権のアジア戦略　（21・3）

政権交代のたびに政治任用者が大挙して政権入りする米国はどこにもまして「人が政策（Personnel is policy）」である。バイデン政権ではどんな人が、外交・安保政策、なかでもアジア政策をつくるのか。

政策全般の理念と方向の筋立てを書き、政策の各省調整を行う大統領補佐官（NSA＝国家安全保障担当）には四十四歳のジェイク・サリバンが就任した。オバマ政権（二期）時代、バイデン副大統領のNSAを務めた。イランとの核合意をまとめ上げた交渉力には定評がある。米国が中国政策で揺れ動く中、幻想ゼロの対中外交の必要性を痛感した。六年前（二〇一五年）、私たちのシンクタンク（日本再建イニシアティブ。その後、アジア・パシフィック・イニシアティブ＝API。現在、国際文化会館API）は彼を日本に招き、日本政府の要路と意見交換の場を設けたことがある。サリバンが「中国観をめぐっては米国では世代間で違いがある。年配層に比べて自分たちの世代は中国に対して冷めており、より現実主義的なアプローチを志向している」と語っていたのを思い出す。

ホワイトハウス国家安全保障会議（ＮＳＣ）においてアジア政策でサリバンを支えるのがカート・キャンベルである。今回、新設のインド太平洋政策調整官に就任した。キャンベルは米国きっての戦略家であり、アジアに深い人脈を築いてきた。オバマ政権（一期）では国務次官補としてアジア重視のリバランス政策を考案した。ただ、中国の南シナ海攻勢や地経学的攻勢に押されて、この政策を十分に展開できなかった挫折感を抱いている。

サリバンとキャンベルは、フォーリン・アフェアーズの論文で、これまでの対中関与政策が「失敗」だったことを認めた上で、中国に「競争と共存」の両様作戦で臨むべきだと主張している。「共存とは、問題を解決するというより条件を管理するものとしての競争を受け入れること」と定義するのだ。競争的共存と言ってもよい。

しかし、バイデン政権には、これとは異なる対中観を持つ人々もいる。オバマ政権（二期）で国務長官を務めたジョン・ケリーとＮＳＡを務めたスーザン・ライスがその代表である。中国とのグローバル問題での協力を重視し、協調関係維持を大国間競争より優先させようとする対中宥和派である。今回それぞれ気候変動担当大統領特使、内政政策担当委員長に就任した。ケリーは対中グリーン協調を志向しているが、グリーンは民主党左派が熱心に推進している政治アジェンダでもある。バイデンはトランプ後、コロナ後の米国の立て直しのために「中産階級のための外交」を唱えている。ライスはその観点から外交に注文を付けるだろう。バイデン政権は、民主党の支持基盤である「労働者」保護と民主党の農村部での支持基盤拡大のための「農民」保護の双子の保護主義へと傾斜する危険性もある。

もう一つ、外交支配層を形作る欧州派（Europeanist）の系譜がある。今回、国務長官に就任したアントニー・ブリンケンもその一人である。オバマ政権（二期）で国務副長官を務めたときはアジアを担当し、日本の外務事務次官とほぼ定期的に政策協議を開催した。日本側からの信任も厚い。

そのブリンケンは価値外交を重視し、人権擁護にも熱心である。トランプ政権が中国のウイグル弾圧を「ジェノサイド」と形容したことについても「自分も同じ考えだ」と断言した。

しかし、コロナ危機での最大の〝敗戦国〟となり、さらに米議会乱入事件ショックの後、米国が世界の人権と民主を推し進めるリーダーシップを担うことができるか。

ここで重要なのは中国に対して人権の観点から反発を強める欧州との連携である。中国の国際秩序とパワーに対する挑戦がグローバルになるにつれ、中国と競争するには、安倍政権が推進し、トランプ政権が相乗りした「自由で開かれたインド太平洋」（FOIP）構想が役に立つ。欧州派は、トランプ時代に傷んだNATOを再生させることを最優先課題としている。ところが、欧州は現在、「まともな対中政策を持っていないし、5Gに対しても真剣でない」（元米NATO大使のニック・バーンズ）と欧州派は不満を募らせている。日本もこうした欧州派との政策対話を深めるときである。

実は欧州派の筆頭はアイルランド系のバイデン大統領その人である。二年前（二〇一九年）のミュンヘン安保会議で「我々は戻ってくる」と宣言。会場は総立ちとなり、拍手が鳴りやまなかった。バイデンは従来、パンダ・ハガー（対中宥和派）と目されてきた。ただ、バイデンは何よりも〝議会の子〟である。米議会の対中感情を見極めつつ、超党派的相場観を探りつつ、対中政策を決めていくことになるのではないか。

バイデン政権の外交政策の最大の課題は、これらの多様な思想と勢力を束ね、さらには日米欧で協力して「一つの中国政策」をつくることができるかどうか、である。

台湾：戦略的曖昧性と戦略的明瞭性

（21・6）

二〇二一年四月の日米首脳会談後に発表された共同声明は、「日米両国は、台湾海峡の平和と安定の重要性を強調するとともに、両岸問題の平和的解決を促す」と明記した。日米共同声明で台湾に言及したのは一九六九年の佐藤・ニクソン会談以来、五十二年ぶりのことである。この時は、「台湾地域における平和と安全の維持も日本の安全にとって極めて重要な要素である」との文言が入った。それに比べても、今回の文言は、ことさらに事務的である。実のところ、米国側は台湾防衛に関する日米協調のあり方に向けてもう少し踏み込んで書き込もうとしたようだが、日本側は慎重な言い回しを望んだと言われる。

ワシントンでは日本側の煮え切らない姿勢に不満の声が上がっている。かつてペンタゴンの中国部長を務めたジョセフ・ボスコは、次のように述べている。

「日本は尖閣では中国の冒険主義に対する抑止力強化のための戦略的明瞭性の必要性を認識しており、米側にそれを求め、手にした。しかし、台湾に関しては、中国の攻撃に対する明確な対応へのコミットメントに抵抗している。そうした曖昧性が中国をさらに付け上がらせる」

ソ連に対抗するため対中接近を図ったニクソン政権以降、米国の歴代政権は台湾海峡問題に関しては基本的に「戦略的曖昧性」の方針を踏襲してきた。「戦略的曖昧性」は、中国が台湾を軍事攻撃した場合、米国は台湾に対する軍事支援のために駆けつけるかどうかを明確にしないことで、台湾の独立宣言と中国の強制的統一攻勢の双方を同時に抑止することを企図したものである。

一九九〇年代半ば、中国は台湾総統選挙を前にミサイル発射で威嚇したことがあった。その時、クリントン政権高官は中国側に対して、中国が台湾に侵攻した場合、米国が何をするかを「我々は知らない。あなた方も知らない。すべて状況次第だ」とだけ述べた。「戦略的曖昧性」を象徴するような言葉である。

ところが、「戦略的曖昧性」に関してその効果に疑問の声が上がっている。リチャード・ハース米外交問題評議会会長もその一人である。ハースは二〇二〇年秋、フォーリン・アフェアーズに寄稿した論文で「戦略的曖昧性では急激に軍事的能力を増大させ、より攻勢的になっている中国を抑止するのが難しくなっている」ため、「米国は戦略的明瞭性の政策を導入すべきときが来た」と主張。具体的には、この地域における米国の海軍力と空軍力の増強、それらの分散配置、国防総省における台湾有事の際の作戦計画の優先順位引き上げ、日本と韓国の役割と支援に関する協議、を提言している。

しかし、台湾に対する「戦略的明瞭性」への転換には落とし穴がある。

まず、「明瞭性」への転換の仕方次第では、中国が過剰に反応し、軍拡競争に向かう危険がある。

次に、それが「レッドライン」として打ち出され、かつ受け止められると、その順守が米国のクレディビリティーのリトマス試験紙となり、「レッドラインの罠」にはまる恐れがある。

さらに、サイバー攻撃やサプライチェーンの切断などの地経学的挑戦、またＳＮＳを駆使した政治的影響力の戦いといったグレーゾーン事態には、「明瞭性」はそれほど役に立たない。中国のお家芸の「偽計」をこちらも身につけるべきではないのか。

最後に、中国の能力を過大評価しないことだ。中国の台湾侵攻能力と作戦の質をめぐっては専門家の間でも意見が分かれる。マイケル・ベックリーは上陸作戦、海上封鎖、戦略爆撃のいずれを用いても中国は簡単に台湾を陥落させることができないと分析している。

ヤマアラシ作戦でしのぎ、米国の来援を待つ持久戦に持ち込むシナリオもありうる。

それでも、中国がアジアの海域で支配権を握ろうとする動きを強める中、台湾が日米両国にとって、これまで以上に戦略的価値を持つ存在として立ち現れてきたことは間違いない。台湾、尖閣、沖縄は第一列島線の要に位置する。台湾有事の際は、尖閣と沖縄は集団的自衛権を行使する要件である「存立危機事態」に直面する可能性がある。あるいは仮に台湾を失うことになれば、米国はもはや第一列島線の防衛ラインを維持できない。西太平洋パワーとしての終焉を告げることになる。日米同盟も日本のシーレーン防衛も危機的状況に立ち至る。太平洋戦争の際、ダグラス・マッカーサー将軍は南シナ海、黄海、東シナ海をにらむ台湾を「不沈空母」だと述べたが、その地政学的位置はいまも変わらない。

五十二年前の「台湾条項」は沖縄返還を前に米側の地域安全保障認識を示し、返還後も沖縄の基地の戦略的価値を再確認するためのものだった。今回は、台湾有事とその際の日本の役割を明確に意識した「新台湾条項」にほかならない。それだけに「言葉」を慎み、抑止と対話に役立つ「行動」ができる態勢を静かに整えることが大切だ。

キッシンジャー・レガシー（22・4）

一九七二年二月（二十一～二十八日）のニクソン米大統領の訪中から五十年が経った。米国はこの訪問で中国との関係正常化に向かい、中ソの関係に楔を打ち込み、ベトナム戦争の泥沼から脱出する足掛かりを築いた。ニクソン・キッシンジャーの離れ業外交だった。

あの中国フィーバーから半世紀後、オミクロン株の蔓延とウクライナ危機の中、五十周年を華々しく祝うムードは少なくとも米国にはない。それどころか、米国の中には今のような攻撃的で居丈高な中国を生みだしたのは米国の対中関与政策の過ちであり、それはあのニクソン訪中の狂騒曲から始まったといった批判も聞かれる。

リーマンショック後の二〇一〇年代は、米国の対中関与派にとって〝裏切られた十年〟だった。「国進民退」と「軍民融合」、「一帯一路」と勢力圏の拡大、領土・領海の一方的主張と攻勢、サイバー攻撃・窃取と知財権の侵犯、市場とサプライ・チェーンの武器化と経済的威圧、政治工作と戦狼外交、そして中ロ協商の台頭……。

どこで、歯車がかみ合わなくなったのか。関与政策は間違いだったのか？　五十年前の訪中からそもそも間違ったのか？　米国が中国に無知だったからなのか？　いや、中国に謀られたのか？　そうだとしたら、誰が誰を騙したのか？

バイデン政権NSCのカート・キャンベルインド太平洋政策調整官は政権入りする前の論文で「関与政策は間違いだった」と言い切った。同じく同政権のラッシュ・ドーシNSC中国部長は、やはり政権入りする前に出版した本で、リーマンショック後、中国は米国の世界の盟主としての立場に〝退場〟カードを突き付けるようになったと論じている。いや、当のニクソン自身、晩年「我々はフランケンシュタインをつくってしまったのかもしれない」と悔やんだという。

それでは、誰が、誰を騙したのか？

米国では、中国と癒着してきたウォールストリートがやり玉に挙げられている。中国企業を上場させ、莫大な手数料を稼ぎ、中国人億万長者を増産し、米国のメインストリート（製造業）を疲弊させたというのである。

しかし、いま、やり玉に挙がっているのは、ニクソンの大統領補佐官として訪中外交をお膳立てしたヘンリー・キッシンジャーである。この半世紀、キッシンジャーはハーメルンの笛吹き男のように歴代の米大統領を対中宥和の天の川へと導いてきた。

最近（二〇二二年二月）、出版されたアイザック・フィッシュの『アメリカ・セカンド』は、キッシンジャーのコンサルタント会社の対中ビジネスを米中のただれた癒着の象徴として弾劾している。中ロが民主主義国の有力政治家、官僚、軍人のＯＢをカネで抱き込む〝エリート・キャプティブ〟の典型であると見るのである。

ただ、ニクソンの訪中から米国の対中外交がすべて間違っていたと主張するのは短絡的である。中国共産党は建国の一九四九年の時から二〇四九年までの百年マラソンで米国を追い抜くことを決めているのにそれに気づかなかった米国がバカだった、といった議論も歴史的事実に反する。

それでも、キッシンジャーの対中戦略観を根本から見直さなければならない時期に来ていることは間違いない。それは一言でいえば、「米中Ｇ２」論であり、その延長線上にある「米中共同進化（co-evolutionary）論」である。

中国は自らのパワーが強くなれば国際秩序とルールを変えることを厭わない。Ｇ２も共同進化も米国が弱くなれば維持しようとはしない。ただ、中国は米国を「米中Ｇ２」の視野狭窄《きょうさく》に閉じ込めておけば、アジアを自らの勢力圏で囲い込むことが容易になる。米国単独では中国と競争できない時代が訪れている。インド太平洋の同盟国・同志国との戦略対話と連携を強めないと、米国の中国に対する拮抗力も競争力も維持できない。

ただ、キッシンジャーのあの〝中国たらし〟の才覚は、中国との「競争的共存」を生き抜く上で時に求められる外交柔術となるかもしれない。

一九九九年のことだが、ニューヨーク州タリータウンの山荘で日米中関係に関する少人数の非公式会議が開催され、私も招かれた。特別ゲストはキッシンジャーで彼は半日、我々と一緒に議論に加わった。

キッシンジャーは次のように言った。

「米国では大統領になるまでは中国のことに関心がなくても、大統領になると例外なく中国との好《よ》い関係をつくろうとする。なぜなら、それが米国の国益だからだ」

うまいことと言うなあ、と感心したが、同時に、この同じセリフを彼は何度、中国要人の前で吐いたのだろうか、とも思ったものである（キッシンジャーは二〇二三年十一月二十九日、百歳で没した）。

「友の敵は必ずしも敵ではない」（22・7）

「もし敵の敵が友であるならば、友の敵もまた敵なのか？」

清華大学戦略安全保障研究センターの周波研究員（元人民解放軍上級大佐）は、そのように自問する。

彼はこう解答する。

「いや、必ずしもそうとは限らない……それが中国のロシア・ウクライナ戦争に対する考え方である」

ロシアは中国にとって戦略的パートナーである一方、中国はウクライナの最大の貿易相手である。中国はロシアのＮＡＴＯ拡大に関する「真っ当な懸念」を理解しつつ、すべての国の主権と領土は尊重されなければならないとの原則を支持する。

「この中国の中立の立場は双方が望むものではないだろうが、双方はそれを受け入れることができる」

中国は、国連総会のロシアのウクライナ侵略非難決議（二〇二二年三月二日）に棄権票を投じた。中国を含め、インド、南アフリカ、イラン、イラク、ベトナムなど三十五カ国が棄権した。その後の国連総会の人権理事会におけるロシアの資格停止決議（四月七日）ではブラジル、メキシコ、インドネシア、エジプト、サウジアラビアなども棄権し、棄権国は五十八カ国に上った。いずれの投票も賛成国が多数を占めたが、棄権組（abstain caucus）と呼ばれる国々の人口総計は世界人口の半分を占める。地域大国の多くが棄権組に回った。どうやら国際政治における新たな勢力が立ち現れつつあるようなのだ。

バイデン米大統領は、ロシアのウクライナ侵略をめぐる世界を巻き込んだ戦いを「民主主義と独裁主義、自由と抑圧、ルールに基づく秩序と武力に支配された秩序との間の戦い」と形容し、自由主義諸国（freedom-loving nations）の団結を訴えた。

しかし、インドのシブシャンカル・メノン元国家安全保障顧問は「世界の民主主義国が自由主義的国際秩序を敢然と守るため一致団結するなど、希望的観測に過ぎない。（中略）自由世界の結束どころか、この戦争はその混乱を示している」と、そのような「両陣営」の見立てに異論を唱えている。

実際のところ、この戦争を民主主義陣営対専制主義陣営の戦いといった白黒に色分けするのはムリがある。棄権組というグレーゾーンが広範に広がっている。バイデン政権が二〇二一年末にオンラインで開催した「民主主義サミット」に参加した百十一カ国・地域のうち、九カ国が国連総会でのロシア非難決議で棄権した。アンゴラ、アルメニア、インド、イラク、モンゴル、ナミビア、パキスタン、セネガル、南アフリカである。また、百十一カ国・地域のうち、人権理事会におけるロシアの資格停止決議で棄権したのは、ブラジル、インド、インドネシア、イラク、メキシコ、南アフリカ、ネパール、ガーナ、アンゴラ、ベリーズ、ボツワナ、カーボベルデ、ガイアナ、ケニアなど二十七カ国にもおよぶ。

その背景はさまざまである。欧米の人権外交と二重基準への反発、欧州白人中心主義への不満、かつての植民地支配とその遺制に対するルサンチマン、民族解放戦争へのソ連の支援への感謝、欧米の経済制裁に対する不信感、エネルギー価格と食料価格上昇への懸念……。インドの場合、中国に対する保険政策としてのロシアとの関係維持やロシアからの武器輸入という安全保障上の配慮もある。東南アジアや中南米の場合、米国に無視されているという不満も作用しているだろう。

今回の棄権組がグローバル・ガバナンスに影響をもたらす可能性もある。

米ソ陣営のどちらにも属さない冷戦期の非同盟運動のような勢力になるとの見方も出て

いる。しかし、かつての非同盟のように中国がこの棄権組のリーダーの一角を担うことができるかどうかは疑問である。

今回、中国は「中立」を装いつつもその実、ロシアの後ろ盾となっている。将来、中国主導の〝中国・ロシアブロック〟へと発展するかもしれない。中ロにインド、ブラジル、南アフリカを加えたＢＲＩＣＳもロシアが中核メンバーである以上、非同盟役は担えない。Ｇ20もこのままではアイデンティティ危機に陥るだろう。Ｇ20のメンバーであるＥＵ（投票権なし）とロシア（反対票）を除く十八カ国のうち七カ国が二つの国連決議のどちらかの棄権組である。二〇二二年のホスト国のインドネシアはプーチン大統領を招待する意向を示しているが、欧米はその場合、欠席する構えだ。

棄権組に踏み絵を踏ますような外交はいただけない。人権も民主主義促進も、平和も正義も、過剰な修辞と熱情を抑えなければならない。価値観（自由・人権）ではなく原則（国際法・ルール）を追求するべきである。

米政府高官は、棄権組のうち「説得できるところは説得する（persuading the persuadable）」努力の必要性を口にした。その言やよし、後は実行である。

「反動的攻勢」と「静かな抑止力」（22・10）

ナンシー・ペロシ米下院議長の台湾訪問に抗議し、中国は八月上旬一週間にわたって台湾周辺海空域で実弾を用いた合同戦闘演習を実施した。台湾周辺の海域のうち六つの対象区域を、全体を取り囲むように設定し、中国本土から台湾上空を超えて弾道ミサイルを発射した。空対地ミサイルを搭載した戦略爆撃機がシミュレーション攻撃を行った。台湾の東側に演習区域を初めて設け、ミサイル五発を日本の排他的経済水域（ＥＥＺ）に着弾させた。台湾侵攻の予行演習を実施した形である。

Ｇ７の外相たちは共同声明で「攻撃的な軍事威嚇行為の口実に訪問を利用することは正当化できない」と批判した。この「口実」という表現が今回の中国の激しい反応の本質を衝いている。中国は、相手の「挑発」に対してやむなくこちらも行動している、と受け身を装いつつ、実際は仕掛けているのだ。

十年ほど前、紛争予防の国際的ＮＧＯ、国際危機グループ（ＩＣＧ）が南シナ海における中国の海洋攻勢を「反動的攻勢（reactive assertiveness）」と名づけたことがある。いくつかの礁の領有権をめぐって中国は近隣諸国に対する威圧行動を繰り返したが、その際、相手のちょっとした動きを「挑発」だと騒ぎ立てた。そしてそこを人工島に変え、滑走路を敷き、レーダーとミサイルを配備してしまった。やられたフリをして倍返しでやりかえし、現状を自らに望ましいように変更する。そのような反動的かつ計算された攻勢のことである。

今回も中国は、ペロシ訪台を「口実」にして、台湾に対する威嚇演習をニュー・ノーマルにする「反動的攻勢」に打って出ている。次のように「現状」を変えるのが狙いだ。

第一に、中国が台湾軍事侵攻を本気で考えていること、そして中国は台湾を海上封鎖し、経済の息の根を止めることができることを台湾の人々に分からせ、〝ムダな抵抗〟をあきらめさせる。台湾を孤立させ、台湾人の無力感を深める。

第二に、中国の近隣地域における軍事力が一九九六年春の台湾海峡危機の時とは比べものにならないほど増大しており、対中抑止はもはや難しいことを米国、日本などに分からせる。

第三に、国際水域である台湾海峡は中国の「勢力圏」にあり、事実上〝中国の海〟であることを世界に認めさせる。

ただ、中国はむやみに台湾と世界を威嚇しているわけではない。空母キラーのＤＦ21Ｄや グアムまで届くＤＦ26といった米国が神経を尖らすミサイルは使っていない。

また、今回、輸入停止も行ったが、柑橘類やアジ、タチウオなど二千品目はいずれも生活関連品目である。中国の経済が不動産不況とゼロ・コロナ政策で減速しているため、下手に経済制裁を打てないという事情もあるだろう。しかし、台湾に対する本格的経済制裁を行った場合、台湾、米国、韓国、日本からの半導体とその部品・素材の供給が打ち切られることを中国は恐れたに違いない。中国の半導体の輸入額は石油の輸入額より大きい。半導体なしには精密誘導兵器もＥＶも５Ｇも動かない。

国家発展改革委員会傘下のシンクタンク、中国国際経済交流センターの陳文玲チーフエコノミストは、五月末の講演で「米国や西側が対ロシア制裁のように中国に対して破壊的制裁を発動するなら、我々は台湾を取り戻さなければならない。特にサプライチェーンの再構築でＴＳＭＣ（台湾の半導体メーカー）を手中に収めなければならない」と主張した。その際、ＴＳＭＣが「米国で六カ所の工場を建設するため現地への移転を加速させている」ことに対して、「我々はこうした移転の全目標を達成させてはならない」と強調した。

中国はＣｈｉｐ４（米韓台日の半導体枠組み）による対中半導体封鎖を恐れている。だから今回、経済制裁を自制したと見るべきである。Ｃｈｉｐ４はデザイン、メモリー、ファンドリー、製造・部品・素材などでの競争優位と市場シェア、サプライチェーン統合で圧倒的な強みをもっている。そうした資産をパワーに変える地経学的な影響効果があるからこその抑止力を有している。別の言い方をすれば、「挑発」したという「口実」を中国に与えない「静かな抑止力」が効いているのだ。

この対中戦略概念を提示したのは独立系シンクタンクの日本再建イニシアティブ（現アジア・パシフィック・イニシアティブ＝ＡＰＩ）だが、それは次のように定義されている。

「日本の抑止力の在り方は、それを声高に表明するものではなく、静かに理解を促すものでなければならない。静かな抑止力の本質は、中国との戦略的コミュニケーションを維持し、リスク管理・危機管理を同時に実行して二国間関係を安定させ、平和を維持することである」

「反動的攻勢」には「静かな抑止力」で立ち向かうのが知恵である。

トクヴィルはトランプの米国をどう書いたか？

（23・9）

安倍晋三首相が潰瘍性大腸炎を悪化させ、辞任をして一年が経った頃、安倍再再登板の可能性を永田町の政界ウォッチャーたちからずいぶんと聞かされたことがある。後継の菅義偉政権があえなく崩壊し、岸田文雄政権が誕生したあたりだったか。

安倍は、第一次安倍政権の運営に失敗した後、五年後に第二次安倍政権で再登板し、七年八ヵ月に及ぶ長期政権を維持した。二度あることは三度ある。安倍ならありうる、という安倍神話のような趣きもそこにはあったが、安倍再再登板論がそれらしく聞こえたのは「トランプが再び、大統領になったら」という前提付きの仮説として打ち出されたからだったように思う。

「あのトランプがまた出てきたら、岸田ではもたない。いや、誰も扱えない。その時は、猛獣使いの安倍に再び、お出ましいただくしかないのではないか」

安倍自身は、そんな憶測を目を細めて半ば聞き流していたが、亡くなる直前まで、トランプとの関係維持に心を砕いていた。

トランプ大統領時代、米国の政治と社会の分断が世界にとって、中でも米国の同盟国にとって大きな地政学リスクとなることを我々は知った。そのトランプが再び、ホワイトハウスの主になれば何が起こるか分からない。ウクライナ戦争、対ロ関係、台湾防衛を始めバイデン政権が進めてきた外交政策はひっくり返される恐れがある。英ファイナンシャル・タイムズの外交コラムニストのギデオン・ラックマンは「トランプという妖怪が欧州を徘徊《はいかい》している」と欧州の恐怖感を記している。トランプという「妖怪」――トランプ現象――は、トランプが再選されようがされまいが、いや、トランプであろうがなかろうが、米国の政治と外交の新常態として立ち現れつつあるのだ。

共和党中道派の戦略家として名高いロバート・ゼーリックは自著『アメリカ・イン・ザ・ワールド　合衆国の外交と対外政策の歴史』（日本経済新聞出版）の中で、「一回限りの売り買いをして相手に対するレバレッジを高める脅しと不確実性に依拠した計算高い外交は、米国には馴染まない」と述べ、トランプ的外交を退けている。しかし、バイデン政権も対中関税継続やTPP加盟拒否や国産EV支援など保護主義的に「計算高い」政策を志向しており、スタイルはともかくサブスタンスにおいては「アメリカ・ファースト」が超党派的合意を得つつあるように見える。

それでも、米国はなお世界に関与する復元力を秘めているのではないか。指導力を発揮できるのではないか。そうだとすれば、それはどこなのか？

ゼーリックはこの本で、フランスの政治思想家、アレクシ・ド・トクヴィルが一八三一～三二年に米国を九カ月旅行し、著した『アメリカのデモクラシー』の中の一つの文章を引用している。

「米国の偉大さは、米国が他の国より開明的であることにあるというよりも米国が自らの欠点を直す能力にある」

米国は、自らの欠点を直視するところから自らの強さと魅力を再発見するべきである、と説くのである。

いま、トクヴィルがトランプの「妖怪」に出会ったらどう書いただろうか。果たして「自らの欠点を直す能力」を持ちうるのか。社会と政治が二極分解し、選挙の勝ち負けも決められないような社会が、どうやって「欠点を直す」ことができるだろうか。そもそも、トランプ派と反トランプ派が「欠点」についてどのように合意できるのか……。

トクヴィルが観察した米国は、〝反ワシントン〟を叫んで西部フロンティアからワシントンに乗り込んだアンドリュー・ジャクソン大統領の米国だった。トランプが政権をとった時、ホワイトハウスの執務室にジャクソンの肖像画を掲げたことはよく知られている。トクヴィルはジャクソンのような貧農出身者を大統領に選ぶ米国の民主主義の逞《たくま》しさに感嘆しながらも、彼の政治指導者としての資質には首をかしげる。平等の行きすぎ、「多数の専制」、結社のカルト化などグループへの帰属感を優先し、個人の自由を抑圧する民主主義の影もトクヴィルは見逃さなかった。彼は、トランプの「妖怪」にも分断ポピュリズムという民主主義の暗部を見たに違いない。

そのような米国が、どうやって中国と「競争的共存」を図っていくことができるのか？

実は、ここにこそトクヴィルが説いた米国の強さがモノを言う領域があるかもしれない。米国の民主主義が中国の専制主義より優れているのは「欠点を直す能力」であるかもしれないからだ。独裁体制は、政策の過ちを認め、それを直すのが極めて苦手である。政権交代がない体制は、間違いを前の政権のせいにできない。

第4章

インド・太平洋と日本の選択

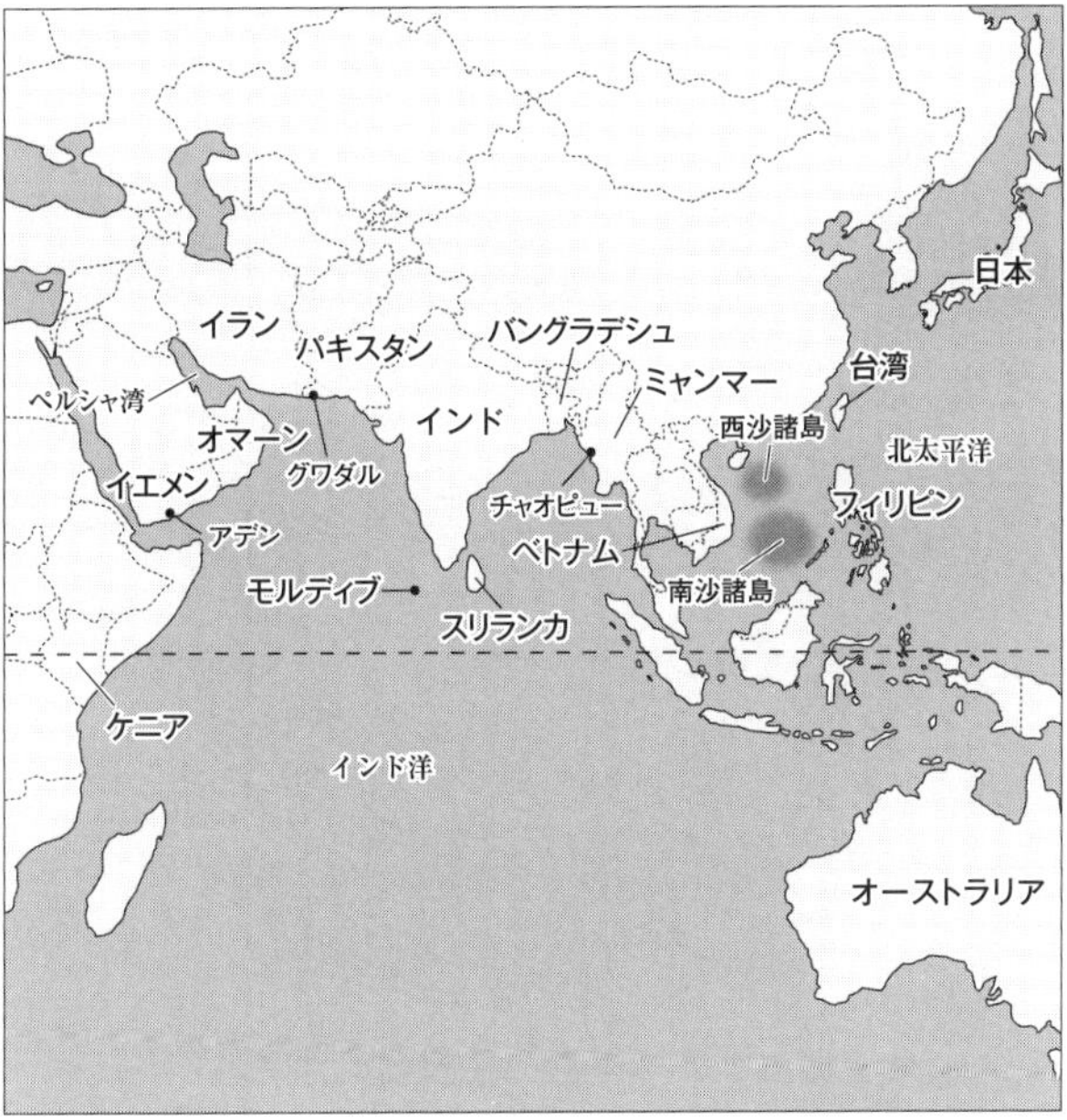

民主主義有力国による地域の民主主義体制の強化支援を目指している Quadが、21世紀のアジア太平洋の平和と安定のカギを握っている

Ｑｕａｄ Ｖａｄｉｓ？ （21・5）

バイデン米大統領の呼びかけで日米豪印四ヵ国の首脳会議（Ｑｕａｄ）が二〇二一年三月、オンラインで開催された。トランプ政権時代の二〇一九年以降三回、外相会議が開かれたが、首脳会議は初めてである。

もともとは第一次安倍晋三政権が推し進めようとした構想である。しかし、インドは中国を刺激することを恐れ消極的だった。オーストラリアも対中経済関係への悪影響を懸念した。肝心の米国も半身の対応で、結局、不発に終わったいきさつがある。

今回、情勢はガラリと変わっている。

最も変わったのは米国である。バイデン政権はトランプ政権が担いだこの構想を継承し、しかもそれを一気に首脳会議に格上げした。従って、Ｑｕａｄに関しては、超党派的支持を得やすい。共同声明では、Ｑｕａｄサミットを二〇二一年中に対面で開催すると明記した。

オーストラリアのマルコム・ターンブル前首相は今回のＱｕａｄ開催の「最大の受益者はオーストラリアだ」ともろ手を上げて、歓迎している。コロナ危機の中で、モリソン首相が中国のコロナ対応の国際的検証の必要性を口にしたというので中国は同国に対する経済制裁を繰り出している。Ｑｕａｄはこうした中国の経済の武器化に共同で対抗する構えである。インドのモディ首相は首脳会議後、「Ｑｕａｄはようやく一人前になった」と述べるとともに「地域の安定の重要な柱となるだろう」との期待を表明した。

中国は虚を衝《つ》かれた形だ。王毅中国外相は二〇一八年、Ｑｕａｄはいずれ「水泡のように消えてなくなるであろう」との見方を披露していた。だが二〇二〇年コロナ危機が深まり、トランプ政権が対中攻撃を強めるにつれ、中国はＱｕａｄを「アジア版ＮＡＴＯ」と見立てて非難し始めた。Ｑｕａｄ首脳会議に関して、中国メディアはバイデン政権の外交安保担当者たちを「ジョージ・ケナンをイエス・キリストのように拝み、彼の書いたＸ論文を聖書のようにありがたがっている」（『環球時報』）と批判している。Ｘ論文（「ソビエトの行動の源泉」）は国務省政策企画局長をしていたケナンが一九四七年に著した対ソ封じ込め戦略論のことである。

日本にとってもＱｕａｄは、中国との中長期的な競争的共存戦略を進める上で大きな価値を持つ。

第一に、米国が対中政策を形成する際、アジア政策、すなわちインド太平洋政策の枠組みの下で起案、実施していく方向性を明確にした。これは、日米豪同盟に加えてＡＳＥＡＮ——なかでもベトナムとインドネシア——さらにはインドと提携し中国に当たる圧力形成の上で不可欠のアプローチである。共同声明で「ＡＳＥＡＮの一体性と中心性に対する強い支持を再確認する」ことを強調したのもそうした背景からだ。

第二に、これは第一の点と関連するが、Ｑｕａｄは、中国がここ十年近く米国に売り込んできた「新式の大国関係」などのＧ２、つまり米中特殊論からの決別を意味することである。

第三に、安全保障上の脅威がますます地経学的性格を強める中、この四カ国の技術協力、経済連携、サプライチェーン統合、資源融通を通じて経済安全保障を強化する土台となる。

一方で、課題もある。

まず、Ｑｕａｄは民主主義有力国による地域の民主主義体制の強化支援を目指しているが、モディ政権下のインドの「ヒンズー至上主義」への懸念が表明されている。いや、インドにとどまらず、米国も人種問題、格差問題、ポピュリズム噴出、コロナ対応の失敗など自由民主主義のモデルとして疑問符が付き始めている。

次に、中国と競争する有志連合を組む場合、米国・Ｑｕａｄ側につくのか中国側につくのか、といった選択を第三国に迫らないことである。とりわけ人権と民主主義の価値観をめぐる中国との競争においてＡＳＥＡＮ諸国に踏み絵を迫らないことが肝心である。

それから、韓国とＱｕａｄとの関係を調整する必要がある。韓国はＱｕａｄの登場を前に深い疎外感を感じているだろうが、仮に加盟したとしても中国の容赦ない締め付けに対する強い恐怖感を抱いている。ここは、日米韓の政策協議の強化を通じてＱｕａｄと何らかの連携を図るのが望ましい。

Ｑｕａｄは潜在的に歴史的なプロジェクトとなる可能性を秘めている。コロナ危機が終わってみると、Ｑｕａｄがもっとも大きな国際政治の副産物だったということになるかもしれない。しかし、そうなればなるほど、中国はＱｕａｄを解体させるため四カ国に対してさまざまな離間策を仕掛けてくるだろう。

二十一世紀のアジア太平洋の平和と安定のカギは、Quo Vadis?（いずこへ行き給う?）ならぬQuad Vadis?（Ｑｕａｄよ、どこへ行く?）の問いに対する的確な答えを持ち続けることができるかどうか、である。

戦後七十五年の同盟イノベーション

（20・9）

二〇二〇年七月、米海軍はロナルド・レーガンとニミッツの原子力空母二隻を中心とする空母打撃群を南シナ海に派遣し、演習を行った。ポンペオ米国務長官は「世界は中国が南シナ海を自らの海洋帝国として扱うのを認めない」との声明を出した。

新型コロナウイルスが蔓延し始めた二〇二〇年三月、米空母セオドア・ルーズベルトの乗員が感染し、最終的に四千八百人のうち千人以上が感染した。セオドア・ルーズベルトはグアムに寄港、二カ月近くそこに停泊することを余儀なくされた。東シナ海から南シナ海にかけて「力の空白」が生じた。これを機に、中国の「海洋への戦略的意思」攻勢はすさまじさを増した。四月、南シナ海の広大な海域に一方的に行政区を設定した。六月、中国軍機が四日連続で台湾の防空識別圏に侵入した。中国は台湾の東部ほか南部に空母「遼寧」を派遣、演習をした。七月二十三日、中国海警局の船による沖縄県の尖閣諸島周辺の接続水域への進入が連続百日を超えた。

米国は、そうした中国の攻勢を座視しないとの姿勢を鮮明にしつつある。対中抑止力を明確に示す必要を米国は感じている。

オバマ政権時代、中国の海洋戦略に関して、尖閣諸島の領有権問題を抱える日本と、グローバル・イシュー、とくに気候変動で新たな対中関与政策を追求する米国との波長が時として合わずに、対中脅威感にギャップが生まれた。なかでも、中国がフィリピンのスカボロー礁を一方的に占拠したのに対して、手をこまねいているだけのオバマ政権の姿を見て、日本の為政者の脳裏に中国の尖閣諸島上陸による施政権の既成事実化という恐怖のシナリオがよぎった。

オバマ政権も徐々に対中警戒感を強め、日本の施政権下にある尖閣諸島に関しては防衛義務の安保条約第五条適用を大統領のレベルで宣言するなど同盟強化に努めた。それでも日本側の不安感はぬぐえなかった。

その後、日米同盟を取り巻く地政学的環境は一段と厳しくなっている。そこでは、北朝鮮のミサイル能力の急速な進展とそれに対する抑止力（と同盟に付与する拡大抑止力）の弱まり、アジア太平洋の海洋に対する米国の支配力の弱まり、尖閣諸島防衛における米国の防衛義務への信頼性の弱まり、という三つの挑戦を抱えている。米国は、米国本土をとらえる北朝鮮の大陸間弾道弾（ＩＣＢＭ）さえ封じ込めれば最後はそれでよしとするのではないか……南シナ海では中国の強制力が貫徹する勢力圏の拡大を許してしまっているのではないか……尖閣諸島防衛についても、有事の際に米国に「見捨てられる」のではないか……そのような実存的リスクを日本は感じ始めている。

おそらく中国の攻勢は今後相当長期間にわたって続くとみてよい。それに対して、日米ともに同盟の再確認と再強化に取り組んでいかざるを得ない。中国に対するバランス・オブ・パワーと対中抑止力を強化するには、同盟国間の協調が不可欠だからである。しかし、米国がコロナ感染との戦いで大敗北し、それが国内のさらなる政治分断を招くようなことになると、同盟と国際秩序の再構築への米国の指導力も関与も期待できないかもしれない。

戦後七十五年。この間、さまざまな戦争と悲劇があったが、世界戦争を回避した「長い平和」を私たちは享受できた。その平和の土台は、ルールに基づく、多角主義的な自由で開かれた国際秩序の存在であり、それを支えた米国主体の同盟システムだった。米国は戦後一九四八年から五五年の間に、すなわちトルーマン民主党政権とアイゼンハワー共和党政権を通じて、二十三の国々と条約に基づく同盟を結んだ。その際、同盟に正当性を与えるためその条約を集団的自衛権を認めた国連憲章第五十一条と紐づけた。それは同時に、国連憲章第五十一条という紙の上での誓約にすぎない国際法体系にも正当性を付与したのである。

日米安保条約の場合、まず前文で「両国が国際連合憲章に定める個別的又は集団的自衛の固有の権利を有していることを確認」している。その上で、

〈締約国は、国際連合憲章に定めるところに従い、それぞれが関係することのある国際紛争を平和的手段によつて国際の平和及び安全並びに正義を危うくしないように解決し、並びにそれぞれの国際関係において、武力による威嚇又は武力の行使を、いかなる国の領土保全又は政治的独立に対するものも、また、国際連合の目的と両立しない他のいかなる方法によるものも慎むことを約束する〉

〈締約国は、他の平和愛好国と協同して、国際の平和及び安全を維持する国際連合の任務が一層効果的に遂行されるように国際連合を強化することに努力する〉

と定めている。

戦後の「長い平和」は、そのような同盟と国際秩序を相互に共振させるガバナンス・イノベーションによって生まれたのである。

日豪同盟の時代

（21・4）

日本も豪州も相手国への新任大使を拝命した外交官たちは、同僚にうらやましがられる。

「いいですねえ、何にも懸案がないところで……」

しかし、これからの時代、それは大きく変わるだろう。日米それぞれの大使がそうであるように、日豪の大使も自国の死活的な安全保障の課題について、相手国との戦略的協力を強化する重要な任務を負うことになる。日豪は日米同盟のように条約に基づくものではないにしても、実質的な同盟国へと発展していくことになるだろう。

背景に、両国を取り巻く国際環境が日に日に険しくなっていることがある。中国は、これまでの米国主導の国際秩序、なかでも米国の同盟を「冷戦時代の遺物」と見て、その弱体化を図ろうとしている。場合によっては、中国の経済力と市場規模をテコに強制措置としての経済制裁を科すことを厭わない。

もう一つ、双方にとっての同盟国の米国が国内の政治、社会の大分断のせいで世界におけるリーダーとしての役割を十分に果たせなくなりつつある。バイデン政権は同盟重視とアジアへの参画を標榜しているが、貿易政策と人権問題が再参画の足かせとなるかもしれない。ＣＰＴＰＰのような多角的な自由貿易協定に参画するのは民主党の支持母体の労組の反対もあり難しい。トランプの人権侵犯無視への反動もあり、人権の旗印を高々と掲げているが、やり方次第ではアジアの国々の反発を招く。

日豪ともに、米国の対外コミットメントが内向きになり、信頼性と抑止力が弱まるのではないかとの懸念を共有している。米国がアジアにより深く関与し、抑止力を再強化し、インド太平洋に自由で開かれた国際秩序を構築するのを促すよう、日豪が提携していく必要性が増しているのだ。

また、日豪提携強化への期待はＡＳＥＡＮの中からも聞かれる。二〇二一年二月、米国とアジアの主要同盟国の識者による非公開会議がオンラインで行われ、私も招かれたが、出席したＡＳＥＡＮのベテラン外交官が「いま、ＡＳＥＡＮにとって日本とオーストラリアの両国がもっとも重要な対話のパートナーである」と発言した。「両国とも多角的かつルールに基づく地域アーキテクチャーの構築に深くコミットしている。そして、バイデン政権のアジア再参画を促す上でも、この両国に期待するところは大きい」と付け加えた。

二〇二〇年十一月、モリソン豪首相が訪日し、菅義偉首相との間で、日豪円滑化協定（ＲＡＡ＝Reciprocal Access Agreement）に大枠で合意した。これは相手国を訪問する部隊の構成員の刑事裁判権を含む法的地位を明確にする協定である。日本の死刑制度の存在が大きな壁となっていたが、ようやく双方が歩み寄り、運用面で何とかその壁を乗り越えることができそうである。最終合意に至れば、両国部隊間の相互運用性は大きく改善するだろう。日豪はすでにＡＣＳＡ（物品役務相互提供協定）、ＧＳＯＭＩＡ（軍事情報包括保護協定）、防衛装備品・技術移転協定を結び、２プラス２（外務・防衛閣僚会合）を実施している。日本は、安倍政権時代、同盟国として求められる集団的自衛権を行使できる――限定的ではあるが――法体制を整えたが、安倍首相は国会での答弁で、日本は米国のほか豪州も重要影響事態において防衛する対象国とみなしていることを示唆していた。

もっとも、現時点では、日豪は十全たる同盟にはまだ距離があることも確かである。

豪州からすれば、日本は何事も政策決定のスピードが遅すぎると映る。ＲＡＡの大枠合意に至るまで六年もかかったことへのいら立ちを私自身何度も聞いた。もう一つ、インテリジェンス協力である。豪州側は、米、英、カナダ、豪州、ニュージーランドの情報機関協力の枠組みであるファイブ・アイズへの日本の加盟に前向きの姿勢だが、日本の情報機関の組織文化（Intelligence Culture）の改革が必要と感じている。インテリジェンス共同体の事実上の公用語である英語の能力、プロフェッショナリズム、政策とインテリジェンスの垣根とそれぞれの役割規定の明確化、といったことである。米国が日本のファイブ・アイズ加盟になお慎重なのも、これらの点への疑念があるからだ。

一方、日本はこれまで豪州の自由党政権と労働党政権の間で政策、とりわけ対中政策に関して振れ幅が大きすぎることにリスクを感じてきた。また、戦略的要地であるダーウィン港の中国企業への超長期リースに見られるように、州政府の安全保障面での鈍感さに対する懸念もある。

日豪同盟は、米国との同盟を堅持、発展させながら、中国との経済関係を安定させるべく日豪が知恵を出し合い、それを米国とも共有していく日米豪協力を実現してこそ、付加価値がつく。

「日本外交のしたたかさ」とは何か？

（22・3）

岸田文雄首相は、国会冒頭の「施政方針演説」の中で、「厳しさと複雑さを増す国際情勢の中で、日本外交のしたたかさが試される一年です」と語った。そして、「私自ら先頭に立ち、未来への理想の旗をしっかりと掲げつつ、現実を直視し、『新時代リアリズム外交』を展開していきます」と続けた。

米中対立、国際秩序の揺らぎ、経済が武器化する地経学的闘争という激変する国際環境の中で、現実直視を心掛け「したたか」な外交を追求していくとの決意表明である。

外交上の最大の挑戦は米中対立である。

バイデンの米国は、トランプの米国の延長というよりむしろ表裏一体のようだ。同盟重視の旗を掲げながら、フランスに根回しもせずに英豪とのAUKUSを突如、発表する。「中産階級のための外交」はその実、「アメリカ・ファースト」の別名のように聞こえる。CPTPPはもう終わったこととして退け、インド太平洋の「経済的枠組み」なるものを唱え始める。

一方、習近平の中国は、既存の国際秩序を自国の権益増進のために使い倒すことには関心を示すが、それに役立たないと見るとその機構を弱めるか、パラレルな機構をつくろうと仕掛ける。国際秩序・ルール形成においては、自国のガバナンス、つまりは「国情」を反映させることに傾注する。中国の「国情」に合わず、「国家安全」に沿わないと判断したときは「例外扱い」を要求する。それに反対し、抵抗する国には「経済的威圧」で臨む。中国の究極的な関心は、自国の勢力圏を拡大することにある。

岸田政権にとって深刻なのは、米国の内政の混迷と外交の整合性のなさである。「中産階級のための外交」では中国の国家資本主義を弾劾し、中国の核・ミサイル増強に対してはＡＵＫＵＳで一発かまし、民主主義サミットを開催し、自由陣営の盟主として気勢を上げる――といった風にバラバラに思いが投射されてくる。

しかし、世界は米国の新たな誓約（commission）よりこれまでの関与の不在（omission）に注目している。米国はもはや内政的な理由でＣＰＴＰＰへの加盟はできないと踏んだからこそ、中国は加盟申請を行ったのである。米国が関与できないからといって世界はもはや米国を待たない。米国はそのことにまだ十分に気づいていないし、信頼する同盟国に自らの代わりとしてリーダー役を託す決断もできない。

「民主主義サミット」についても、本来、できるだけ多くの同志国を糾合して中国と競争しなければならないときに、CPTPP加盟国のベトナムとシンガポールを招待しないといった無意味な〝線引き〟を行い、結果的にアジアを分断している。

米国の外交が内政の虜《とりこ》になればなるほど、アジア太平洋における動きに米国が嚙めない状態がニュー・ノーマルとなるかもしれない。同盟国の日本がそのような米国に引きずられれば引きずられるほど日本はアジアから孤立する恐れがある。

日本は同盟国の米国を見限ることはできない。中国はそれを知っている。中国は、日本がこうした米国に愛想をつかすのを待っているのだ。

「日本外交のしたたかさ」が求められる所以《ゆえん》である。ここでの「したたかさ」とは、米国にはアジアを分断するのではなくアジアに関与させる、中国には勢力圏を拡大するのではなくルールを遵守させる、ことに資する役割を果たすための想像力に富んだ、思慮深い外交のアートと心得るべきである。

ところで、「したたか」という言葉は、かつて中国の外交についてしばしば用いられたものである。『したたかな隣人・中国』（田所竹彦著、一九七九年）という本が出版された

ことも ある。中国は一旦、目標を定めたら、その実現に向けて、執拗に、粘り強く追求していく。周恩来も鄧小平もそうした「外交のしたたかさ」を存分に発揮した。

それなのに、いま中国は、中国を悪く言う相手をどやしつけ、中国を褒めないと叱りつける「戦狼外交」を繰り広げている。それを突き動かしているのは、誇りと屈辱感がないまぜになったナショナリズムである。周恩来も鄧小平も、そうした「愛国主義」を抑え込む政治力を発揮したからこそ、「外交のしたたかさ」を実現できたのである。

外務省の発表では「したたかさ」はtough but adaptableと英訳されている。不屈にして柔軟、その双方を併せ持つ外交姿勢という意味を込めたものだろう。本来は、わざわざ「したたかさ」などを宣言する必要はないのかもしれない。黙って「したたか」にやるのがもっと「したたか」ではないのか。

それでも、岸田外交の「したたかさ」に期待することにしよう。国民の声を耳を澄ませて「聞く力」とともに民族の激情、すなわちナショナリズムを上手に「抑え込む力」を発揮する、そうした内政における「したたかさ」への期待も込めて。

安倍晋三の死を徒死にさせてはならない　（22・9）

世界から安倍晋三元首相を悼む声が今もなお、表明されている。八年近くの政権を通じて、とりわけその後半、安倍に対する評価は日本より世界での方が高かった。いまもそれは変わらないようである。

もっとも、第二次安倍政権が生まれて間もなくの頃は、評価も期待値も低かった。日本の過去をことさらに美化し、直視しない歴史修正主義者とのレッテルを貼られた。ニューヨーク・タイムズ紙は二〇一三年一月二日付の社説で、「有権者は経済立て直しを託したのであって国家主義の幻想を求めて彼を選んだのではない」と警告を発した。

そうした安倍評価はその後の実績によって徐々に変化した。

まず、リアリズムの政治と外交によって、中国、韓国をはじめアジア諸国との関係を安定させるべく努めた。歴史問題についても従来の日本政府の歴史認識の枠組みを踏まえつつ、過去から未来へ踏み出す「歴史の克服」のプロセスに関する国民的合意の土台を築いた。二〇一五年夏の戦後七十年談話と年末の日韓慰安婦合意がその例である。安倍はナショナリストであり続けたが、エズラ・ボーゲルハーバード大学教授（当時）が言ったようにそれは排他的ではない「穏健なナショナリズム（civic nationalism）」だった。

次に、米国の対外関与の弱まりと米中の対立の中で、新たな勢力均衡と国際秩序のビジョンを追求し、それを形にした。ケント・カルダー米SAISライシャワー東アジア研究所長が指摘したように安倍はそれまでの日本の状況対応型（reactive）外交を当事者意識を持った積極的（proactive）外交へと切り替えた。その具体的な表れが、Quad、CPTPP、FOIP（自由で開かれたインド太平洋）である。そこにはアジア太平洋を中国の勢力圏にはしないという強い意思が脈打っていた。トランプ政権で大統領副補佐官を務めたマット・ポッティンジャーは追悼記事の中で「アジア・太平洋という言葉が中国中心の東アジアの地理を呪文のように浮かびあがらせることをアベは知っていた。彼は、この地域の概念の中心に、中国ではなく、インドを含み、東南アジアの若い海洋国家群を擁するより大きな絵柄を塗り込んだ」と書いている。

最後に、保守派政治家としての安倍の冴えは、排他的ナショナリズムと社会分断的なポピュリズムを抑え込んだことであろう。二〇一〇年代、日本では欧米で噴出した激しいポピュリズムは起きなかった。アベノミクスは金融緩和、財政出動、そして成長戦略の三本の矢から成っていたが、もっぱら金融緩和（量的緩和とゼロ金利）に頼った。与党が時には野党の分配政策をつまみ食いする形で「大きな政府」を野党と競った。安倍政治の妙味は、この左バネを効かせたところにある。国民の〝安心ファースト〟の政治がポピュリズムの芽を摘む効果を発揮したともいえる（その反面、構造改革の先送りが、日本の生産性、国際競争力、イノベーションの向上にマイナスに働いたことは否めない）。

安倍政権でもっとも国論を分かった政策は、集団的自衛権の憲法解釈見直し（限定的行使の容認）と平和安全法制の整備だった。安倍を「時代錯誤的」、「軍国主義者」、「分断を招く超保守主義者」と批判する声は強かったし、今回の非業の死の後もそのような受け止め方が聞かれる。

しかし、ウクライナ戦争に見られる二十一世紀の劇的な地政学的状況変化の下で、日本は今までのような米国頼みの平和主義に安住することはできない。ワシントン・ポスト紙は社説で、安倍は中国の台頭によく備え、かつ中国と競争することの必要性を早くから見据えていた、とその先見性を評価した上で「米国は日本の軍の正当性を支持すべきだ」と主張した。

安倍は国家安全保障会議・国家安全保障局を設置し、外交・安全保障政策の面での官邸主導の意思決定を強化、一元化するなど「国家安全保障体制」をつくった。安倍政治研究の第一人者であるトバイアス・ハリスは、この面での安倍の功績を特筆している。

戦前の「失敗の本質」は、国家の全体最適解を追求する戦略が描けず、描いたとしても、そのために諸官庁の資源を最大限、最適分配によって動員することができず、最後は、政治と軍事の関係を正しく整えることができなかったことにある。一言でいうと、「国家安全保障体制」の構築に失敗したのである。安倍はそこに挑戦したのである。

ただ、その道のりはまだ半ばである。軍事だけでなく非軍事的な脅威――フクシマとコロナを見よ――から国民を守る体制が不十分である。そして、国民が選んだ選良を社会の狂気から守ることもできない。

安倍晋三の死を徒死にさせてはならない。日本は、「国民安全保障国家」という「国の形」を構築するときである。

国力あっての防衛力、防衛力あっての国家（22・12）

二十世紀初頭、七つの海を支配していた英国をドイツが激しく追い上げていた。ドイツの意図は何なのか？　ドイツは脅威なのか、いや、もはや敵国なのか？

一九〇七年、エア・クロウという英国外務省きってのドイツ通の外交官が個人的「所感」をしたため、要所に送った。ドイツは欧州で覇権を追求し、その後、世界の支配を構想している。ドイツは英国にとって脅威として立ち現れてきている。もはやドイツの意図を詮索してもムダである。その能力が問題なのである。

クロウは、そのように結論づけた。

一国のパワーは意思と能力の総和として投射される。そして、そのパワーは相対的である。しかし、時に、国々のバランス・オブ・パワーが激しく変化することがある。そうした時、相手の能力をしっかり見据え、勢力を均衡させ、相手に力によって現状を一方的に変更できると思わせないようにしなければならない。今こそ、防衛力を強化する時である、とクロウは説いたのである。

平和を保つ上で最も大切なことは、抑止力を維持・発展させることである。戦わないために常に戦える備えをしておくということである。

クロウの洞察は、現在の日本にとって重要な示唆を与えている。日本に脅威を与えうる周辺国の中国、北朝鮮、ロシアのいずれも専制主義国であり、個人独裁体制を特徴としている。そのような体制においては、政策決定過程は不透明であり、意図は予測しがたい。従って、これらの国々に対しては意図よりも能力を中心に把握し、同時に、こちらの能力を的確に把握させることがなおさら重要になる。

二十世紀の戦争は「総力戦」となった。経済力と技術力がモノを言うようになった。それは今も変わらない。二〇一〇年代以降、中国が経済超大国として台頭するにつれ、戦略的補助金、軍民融合、経済的威圧など経済を地政学的目的のために使い始めた。ウクライナ戦争では、ロシアと西側がエネルギーと金融を主戦場に経済制裁を繰り出した。経済力を守り、育て、必要な時にはそれを使って攻める経済安全保障政策が求められている。

今世紀の「総力戦」はサイバー空間においてもっとも熾烈に戦われることになるだろう。現在、国々は、国力を示す指標として「国家サイバー力」を重視し始めている。

「国力」の概念をダイナミックに捉える必要がある。国力は、革命的な技術革新とイノベーションが起こるとき、それらを大胆に活用することで非連続に増大する。一九九〇年代以降のデジタル革命を最大限利用した、中国のリープフロッグ発展戦略がその典型である。

おそらく今後、国力を決する最大の戦略的分野は高機能・低消費電力の計算能力(computing power)であり、その計算基盤を支える次世代半導体であろう。この分野は、日本が半導体産業の優位性を取り戻す最後の機会となるかもしれない。政府は、民間企業へのリスクマネー供与と技術開発と量産化の支援を行う必要がある。

国力の基礎は科学技術であるが、科学技術の研究開発の成果が社会に実装され、新たな市場を生み出すことでイノベーションが起こる。科学技術を国力に転換するには社会実装力が必要なのである。その際、政府と企業の戦略的対話と産官学の協同作業が欠かせない。コロナ危機のさなか、mRNAワクチンを迅速に開発、承認、生産、販売した米国は技術革新の社会実装力を最大限、発揮した。

防衛力を抜本的に強化するに当たって、国力以上の防衛力を夢想するべきではない。しかし同時に、「国力に見合った防衛力」というように国力を固定的に捉えるべきではない。抑止力強化が国家戦略上、不可欠かつ急を要する場合、国力以上の防衛力を前倒しで構築しなければならないときもある。日本にとって今が、その時である。

ただ、防衛費を増やす際、ガバナンス改革を合わせて行うべきである。既存の制度と仕組み、予算配分、物事の決め方、人事配置をそのままにして増やしても、それは足し算にしかならない。実戦・継戦防衛力を真に増強するのであれば、陸海空及び宇宙、サイバー、電磁波の領域横断作戦を迅速に遂行できる常設統合司令部と常設統合司令官を設置しなければならない。ガバナンス・イノベーションを導入することで効果は掛け算となる。

防衛力はまた、同盟を活用することで増強できる。抑止力を強化するにはミサイルを含む打撃能力（反撃能力）の保有が欠かせないが、ターゲティングを含む打撃能力を効果的に発揮するには、米国との役割分担と相互補完機能を明確にし、相互運用性を向上させ、戦略を共有することが不可欠である。

国力あっての防衛力である。しかし、最後は防衛力あっての国家であることを忘れてはならない。

ユーラシア専制枢軸vs.日欧連合（23・3）

「欧州とインド太平洋の安全保障は不可分である」

岸田文雄首相は、二〇二三年一月に訪欧した際の日英首脳会談でこのように述べた。ウクライナ戦争開始後、首相はこれまでも「ウクライナは明日の東アジアかもしれない」との言い方で、この二つの地域の戦略的連関を表現してきたが、その意識がさらに痛切になっている。

ロシアが欧州で行っている力による一方的な現状変更を認めると、中国が東アジアの海洋で進めている力による勢力圏拡大を認めることになる。中ロいずれも独裁的な専制政治体制であり、民主主義国に対する政治的影響力の浸透を図っている。しかも両国はウクライナ戦争で反西側共闘姿勢を強め、中ロブロックを形成しつつある。

この中ロのユーラシア専制枢軸に対する日本と欧州による安全保障における協力が深まりつつある。今回の首相のフランス、イタリア、英国の三カ国訪問はそれを映し出している。

日英首脳会談では、ＲＡＡ（円滑化協定）を締結した。自衛隊と英軍が相互に相手国を訪問し、共同で演習や活動をする際の隊員の出入国手続きの簡略化や事件や事故が起きた際の法的地位を定めたものだ。

スナク英国首相は日本経済新聞への寄稿（一月十二日）の中で「中国が国家権力のあらゆる手段を使い国際的影響力を競う中で経済的な安全を守るため、共に立ち向かっていく」と、日英協力への意気込みを語った。

英政府は、「過去一世紀以上で日英間の最も重要な防衛協定である」とその意義を謳っている。一九〇二年にロシアの脅威に対して共同で防衛することを企図し、締結した日英同盟（攻守同盟は一九〇五年）は一九二一〜二二年のワシントン会議で成立した日、英、米、仏の四カ国条約によって「発展的に解消」させられた。日本をライバル視し始めた米国の圧力に屈した結果でもあったが、これは、戦前の日本外交の最大の失敗の一つだった。

日本がＲＡＡを結ぶのは二〇二二年一月のオーストラリアに続いて二カ国目である。日英の安全保障面での協力の強化は、日英豪の協力強化へとつながるだろう。米国をハブとしてきたアジアの同盟システムの中で、日本がインド太平洋の同志国や欧州ミドル・パワーに対して安全保障協力の梁《はり》を通す〝サブ・ハブ〟のような形でユーラシア専制枢軸に対する安全保障ネットワークが生まれつつある。おそらく今後、日本はフランスやフィリピンとの間でもＲＡＡを締結することになるだろう。

訪欧後のワシントンでの日米首脳会談では、首相はバイデン大統領に米国製巡航ミサイル「トマホーク」を導入する方針を伝え、大統領はそれを支持した。トマホークは相手のミサイル発射拠点などをたたく「反撃能力」の中核になる。抑止力を強化するため、ミサイル防衛に加えて反撃能力を保有しようという狙いである。日本はすでに英国とイタリアとの間で次期戦闘機の共同開発に合意している。戦闘機はこれまですべて米国から購入してきたが、日本は長期的な防衛技術基盤の維持、強化のため〝欧州オプション〟を選択した。日本の「防衛への意思」があってこそ、アジアの同志国も欧州各国も日本を〝サブ・ハブ〟とする安全保障ネットワークに魅力を感じるのである。今後、重要になるのはフィリピンとの安全保障協力である。米国の同盟国であるフィリピンは南シナ海が中国の海になると〝孤島〟にされてしまう。同国はまた、台湾有事に備える上でも戦略的重要性を増していく。日米比の三国協力の強化が求められる。

もっとも、これからの課題も多い。

まず、中国の挑戦の性格をめぐる日本と欧州の間の認識の乖離《かいり》である。ドイツの場合、日独が対中国、対ロシアの抑止力形成の主たるフロントライン国家としての役割を果たせばよい、との見方もあろうが、それだと中国の「分断統治」の餌食となる危険がある。英国の場合、二〇一五年三月、中国の主導したアジアインフラ投資銀行（ＡＩＩＢ）に抜け駆け的に加盟し、Ｇ７の団結を傷つけた。加盟しなかった日米両国は、英国に強い不信感を抱いた。英国はシティーを抱えるだけに、中国マネーの取り込みに目が眩《くら》み、安全保障面での理性を曇らせてしまうのではないか、との懸念はなお拭えない。

次に、米国がインド太平洋における多角的な経済・貿易のアーキテクチャーに半身の構えであることだ。この地域の国々の市場アクセスを拒否し続ける以上、この地域との深い経済連携はできない。米国による改革と開放のためのガイアツは米国が市場を開放してこそ成り立ったグレート・ゲームだったことを忘れてはならない。

最後に、日米欧ともユーラシア専制枢軸に対する抑止力の強化に不可欠な外交力をいかに強化するか、である。抑止は戦略的意思疎通であり、対話があってこそ成り立つ。とりわけ、習近平国家主席との首脳会談を常時行い、意思疎通を欠かさないことが大切だ。

韓国の精悍な自信外交を歓迎する　（23・5）

二〇二三年三月十六日の韓国の尹錫悦《ユンソンニョル》大統領と岸田文雄首相との首脳会談は、前任の文《ムン》在寅《ジェイン》大統領時代に慰安婦問題と徴用工問題をめぐって史上最悪となったと言われる日韓関係を正常化させる上で大きな一歩となった。

会談後の共同記者会見で、尹大統領は元徴用工に関する韓国政府の立場は、一九六五年の日韓国交正常化の際の日韓請求権協定に立脚しているとし、「これを蔑《ないがし》ろにせず韓日関係を正常化させる」と強調した。またこれに関連して、日本企業に賠償を求めた二〇一八年の韓国最高裁判決は従来の韓国政府の解釈とは異なると明確に述べた。首脳会談に先立って、韓国政府は傘下の「日帝強制動員被害者支援財団」が被告の日本企業に代わって賠償金相当額を原告に支払う解決策を発表した。岸田首相はこうした尹政権の対応と決断を「日韓関係を健全な関係に戻すためのものだ」と述べ、前向きに評価した。

首脳会談ではまた、韓国側がＧＳＯＭＩＡ（軍事情報包括保護協定）の正常化を、日本側が日本による半導体関連素材の対韓輸出規制の解除を、決めたことを確認した。そして、両首脳は、形式にこだわらず、随時、会うシャトル外交の再開でも合意した。

もっとも、首相は韓国側が求めていた植民地支配への反省とおわびに関しては「歴史認識に関する歴代内閣の立場を全体として引き継いでいる」と述べるにとどめた。その立場とは、一九九八年の日韓共同宣言で使われた「痛切な反省と心からのお詫び」の認識のことであるが、その言葉に直接、言及することは控えた。安倍政権時代、「戦後七十年談話」を出す過程で、「先の大戦における行い」について「痛切な反省と心からのお詫びの気持ち」を書き記した。歴史問題に関する「謝罪」はこれをもって最後とするとの前提で踏み切ったものだった。岸田首相はそれを念頭に置かざるを得ない。

韓国国内では日本に譲歩し過ぎだとして、尹大統領に対する批判の声が強い。最大野党の「共に民主党」の代表は「尹錫悦政権が歴史の正義を否定し、日本に屈従する道を選んだ」と批判した。それに対して尹大統領は首脳会談後の閣議で「日本はすでに数十回にわたり、私たちに歴史問題について反省と謝罪を表明している」と述べ、反日を政治利用しないよう呼び掛けている。

こうした尹大統領の対日観は、これまでの韓国の政治指導者が拠り所とした対日政策の国内政治的かつ心理的型式を突き抜けている。

今回、尹大統領は、大統領府の外交スタッフや外務省当局者の均衡漸進アプローチを抑えて、日本との突破快速アプローチによる関係正常化に向けて「孤独な決断」を下したようである。日本が譲歩した度合いに応じて韓国も譲歩する、日本の「呼応措置」と見合う「対応措置」を韓国も取る――そういった従来型の〝バランス・シート外交〟では戦略的な関係は構築できない、と思い定めたフシがある。

共同記者会見で、韓国人記者が尹大統領に「会談で得られた国益は何か」と質《ただ》した。尹大統領の対日外交は日本に取られっぱなしではないか、との国民の不満を代弁したものだったが、それに対する尹氏の答えは「韓国と日本の国益はゼロサムではなく、ウィンウィンにできる」というものだった。

それにしても、尹大統領のこの前向きの日本観はどこから来るのか。

尹氏はかつて検事時代に日本の検察との交流を通じて、日本の検察が政治的な右も左も関係なくプロフェッショナリズムに徹している姿に感銘したと語ったことがある。検事として、保守の朴槿恵《パククネ》政権だろうが、進歩の文在寅政権だろうが関係なく権力の不正にメスを入れたところにその烈々たるプロフェッショナリズムは表れている。

より構造的な背景としては、韓国がグローバルに活躍し、自由で開かれた国際秩序の維持・発展に責任を持つ先進ミドル・パワーとして登場しつつある自信があるのだろう。「これからは日本に堂々と自信を持って接していかなければならない」との大統領の発言には、日本と対等なパートナーシップを構築していこうという戦略的未来志向の精悍な精神を感じる。

「日本に堂々と自信を持って接してくる」韓国ほど頼もしいパートナーはない。日韓ともユーラシア専制国家群の地政学的攻勢と勢力圏拡大の最前線国家であり、米国との同盟を基盤とする安全保障ネットワーク国家として連携していく必要がある。

もっとも、尹大統領のこうした対日観なり対日戦略が韓国の国民にどこまで支持されるかがこれからの課題である。日本もその支持を広げるためにも関与を深める必要がある。今後四年間の尹政権時代に日韓と日米韓の安全保障・経済安全保障協力を強化し、政権が代わっても後戻りできないように機構化していくことが大切だ。

第5章

地経学の挑戦と経済安全保障

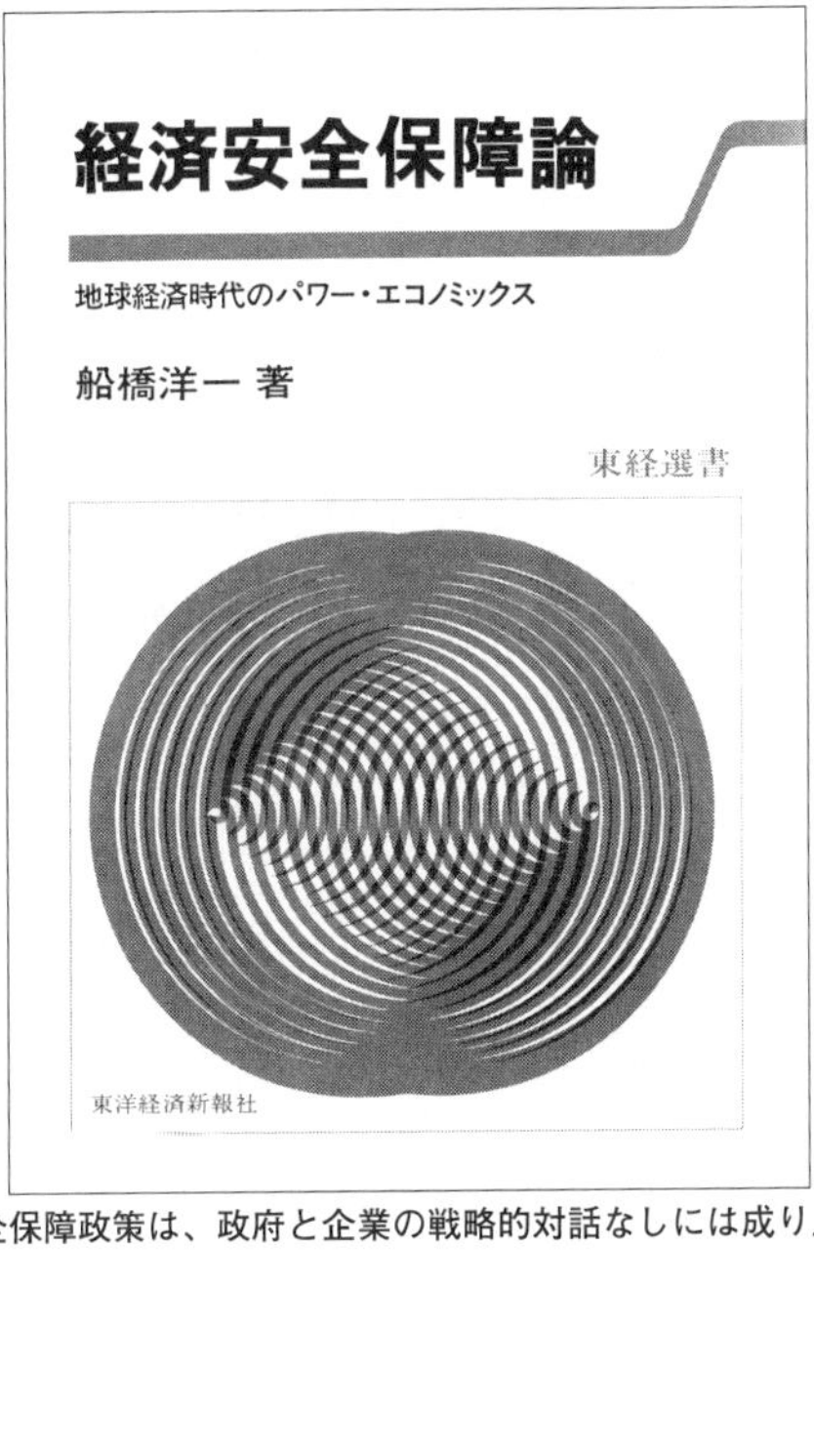

経済安全保障政策は、政府と企業の戦略的対話なしには成り立たない

地経学の時代

（20・3）

米中両国は、二〇二〇年一月、貿易協議で第一段階の合意にこぎつけた。トランプ政権が仕掛けた米中貿易戦争は今回、とりあえず休戦に持ち込まれた形である。

しかし、米国は５Ｇをめぐるファーウェイ（華為技術）排除の動きを止めるつもりはない。半導体、ＡＩ、量子コンピューティング、バイオといった戦略技術をめぐる米中の技術覇権闘争（〝争覇〟）は今後、一段と激しさを増すだろう。

また、金融・投資・通貨といったマネーも米中の〝争覇〟の渦に巻き込まれるだろう。インフラ投資は、コネクティビティ（接続）を通じて勢力圏の拡大をもたらす。準備通貨はネットワーク効果を生み、金融支配力を持続させる。米国はＳＷＩＦＴと呼ばれるドル決済システムを使って、金融制裁を即座に発動できる。

米中の〝争覇〟が、経済相互依存の武器化を生み出し、グローバル・サプライ・チェーンのデカプリング（断絶）のリスクを生じさせている。冷戦時代、ソ連は米国に軍事で挑戦したが、中国は経済を主戦場に据えようとしている。一方、米国もイラク戦争の失敗後、海外への軍事介入疲れが顕著であり、相手国に圧力をかけるのに経済を用いる傾向を強めている。

勢力均衡を図るために経済力を用い、抑止力を構築するのに経済力を組み込む。軍事力より経済制裁を発動する、そのような動きが広がっている。

地経学の時代が到来したのだ。

地経学とは「地政学的な目的のために経済を手段として使う」ことにほかならない。

この言葉は冷戦後、使われるようになったが、冷戦期においても、地政学者のズビグネフ・ブレジンスキー（コロンビア大学教授）は一九六八年の論文で、電子、なかでもコンピューター・コミュニケーションの発展が「ドクトリンを掲げたカリスマ的な指導者のない革命をもたらし、パワーは情報とデータを握るものへと集中し、数十年後にテクノクラート独裁の傾向を生み出す可能性」を指摘した（「技術電子時代の米国」、エンカウンター）。

この予言は冷戦後のグローバル化とインターネットの登場によって現実のものとなった。

そして、いま、デジタル空間において地経学的闘争が最も激しく行われている。

ところで、二〇二〇年代は、次の四つのメガ地経学的挑戦に直面する可能性がある。

第一に、第四次産業革命のもっとも先鋭的な技術であるＡＩ、ブロックチェーン、ビッグデータ、バイオとこれらの分野での中国の専制体制下のイリベラル・イノベーションが中国を技術超大国に押し上げる。

第二に、中国マネーが裏打ちする「一帯一路」によるコネクティビティがユーラシアとアフリカにおける中国の勢力圏の拡大をもたらす。

第三に、気候変動がさらに悪化すると、世界の国々を「勝ち組」と「負け組」に分かつ。Ｇ20では、インド、中国、ブラジル、サウジアラビア、南アフリカ、オーストラリアなどが二〇三〇年代から二〇四〇年代にかけて「負け組」になり、世界の安定を脅かす。

第四に、米国主導の国際秩序の崩壊が加速化する。二〇一〇年代、中国とロシアは南シナ海とクリミアで国際法を無視し、力による「現状変更」を強行した。一方、米国は「アメリカ・ファースト」を掲げ、ＴＰＰからも、気候変動対策枠組みのパリ協定からも、イランとの「核合意」（ＪＣＰＯＡ）からも撤退した。ＷＴＯ（世界貿易機関）にも〝絶縁状〟を突きつけた形である。ルールに代わってパワーが現れつつある。戦後長い間、経済成長、市場信仰、経済相互依存、グローバル化、そして何よりもルールと国際秩序がそうした剝き出しのパワーを封じ込めてきたが、その封印が外れつつある。

地経学の時代は、日本には大きな試練である。日本は、石油をはじめ資源の多くを海外からの輸入に依存している。「航行の自由」の喪失は日本の経済安全保障にとって最大の脅威となる。米中双方への貿易依存が大きいだけに、米中がデカプリングすると股裂き状態に追いやられる。プラットフォームとデジタル・イノベーションが弱いため、ビッグデータ競争で落伍するおそれがある。

二〇二〇年四月に内閣官房国家安全保障局（ＮＳＳ）に設置する予定の経済班は、５Ｇ、海底ケーブル、エネルギー、「一帯一路」、国際金融などに加えて、こうしたメガ地経学的課題にも応えなければならない。

その際、通信ネットワークと通貨・金融・マネーをそれぞれ管掌する総務省と財務省の「悲しいまでの安保音痴」（財務省高官）の状態を改めなければならない。なかでも財務省の場合、その縄張り意識とタコツボ意識を克服する必要がある。

地経学の時代を戦い抜くには、官僚機構の縄張り意識を捨て去ることから始めなければならない。

中国の「国潮」ナショナリズム

（21・7）

新疆ウイグル自治区で生産される綿はムスリム系住民を強制労働させ、作ったものだから使わないとの方針を示した世界の有名アパレル企業などに対する中国国内のボイコットが続いている。アパレルのＨ＆Ｍ（スウェーデン）やスポーツウェアのナイキ（米国）、アディダス（ドイツ）などが狙い撃ちされている。

二〇二〇年三月、オーストラリア戦略政策研究所（ＡＳＰＩ）が、世界のトップ企業に供給される綿などの材料や部品を製造している中国の工場で、新疆ウイグル自治区の収容施設から移送された八万人以上のウイグル人が強制的に働かされているとの報告書を発表した。その後、誕生したバイデン政権は、新疆でのムスリム系住民への人権侵害と宗教差別は「ジェノサイド」であると非難、欧米の消費者の間で「新疆綿」を使うな、との企業への圧力がさらに高まった。二〇二一年三月、ＥＵがこのケースに「グローバル人権制裁制度」を適用し、中国に制裁を科した。それを受けてＨ＆Ｍは「新疆綿」を調達しないと改めて発表した。

こうした欧米諸国の「新疆綿」不買運動に対して、中国全土で「新疆綿愛国運動」という名の外貨ボイコットが始まった。

『環球時報』（二〇二一年四月二日）は、これらの欧米企業が「政治的カード」を切っているとし、その背後に黒幕がいると断じた。その黒幕とは米国であり、その証左としてかつてコーリン・パウエル米国務長官の首席補佐官を務めたローレンス・ウィルカーソンの発言を引っ張り出した。彼が二〇一八年にあるセミナーで述べた次のような言葉だ。

「アフガニスタンになぜ、米軍が駐留しているかの理由の一つに、新疆には二千万のウイグル族がいることがある。米国が中国を攪乱《かくらん》する最も良い方法はウイグル族の人々を利用することだ。外部からではなく内部から中国を壊すことだ」

中国の外貨排斥運動は歴史的記憶とともに発動されることが多いのが特徴である。戦前、貧しく、弱かった中国の武器は人口、つまり市場の大きさだけであり、政権は外国の製品・商品に対する不買運動を対外交渉のレバレッジとした。「新疆綿愛国運動」の背景には、二〇二一年が中国共産党建党百周年であり、義和団事件後の列強との屈辱的条約である北京議定書百二十周年であることがあるだろう。

近年、中国の消費者の怒りを買い、「愛国運動」の矢面に立たされた海外の有名企業はドルチェ&ガッバーナ（イタリア）、メルセデス・ベンツ（ドイツ）、ロッテ（韓国）、HSBC（英国）などがある。それぞれ、中国人女性に箸の使い方も知らないかのような演技をさせ、中国の伝統と文化を小馬鹿にした、インスタグラムの広告でダライ・ラマを持ち上げた、米国の対中敵視政策と偵察活動に加担することを知りながら米軍基地用の土地を提供した、中国の国宝ともいうべきファーウェイを貶《おとし》めようとする米国司法当局に取引情報を流し、ファーウェイを売り渡した……といった理由である。

　ただ、今回の「新疆綿愛国運動」はこれまでの外貨排斥とは少し趣を異にする。中国で最近、もて囃《はや》される「国潮」、すなわち〝中国シック〟がこの運動の背後にあるように感じる。「国潮」は中国Z世代を中心にした中国の伝統的デザインの再発見と再構成であり、それ自体には排外的な情念は希薄である。むしろ見えるのは中国の自信である。すでに中国製品は外国製品に品質で追い付き、追い抜く状況にある。実際、アパレルをはじめ中国の製品の品質は年々、向上している。

「国潮」にはどこか、もっと世界に認められたい、いや、世界は中国にもっとあこがれてほしい、と願う気持ちが潜んでいる。さらには、外国が中国を遅れた、劣った存在として見下すのはもはや許さない。人権も民主主義も米国にそれをいう「資格はない」。中国を十分に褒めないのは外国の認識不足だ、という不満もある。中国を批判することにいちいち反撃するだけでなく、中国を十分に褒めないことに腹を立てる〝戦狼外交官〟たちの情念と通じる攻撃的な承認欲求心理とも紙一重かもしれない。

外貨排斥の地経学は、中国の製品・商品の評判と市場ポジションにとどまらず国家と民族の誇りとステータスに関わる地政学的ゲームでもある。米国では、対中強硬路線に関する超党派的合意が登場しつつある。それだけに中国は中国に進出している米企業に対する締め付けを強め、対米圧力の組み換えを図るだろう。中国では、習近平ドクトリンが登場してきた。習近平国家主席は二〇二〇年四月に行った講話で、①広大な中国市場の「磁力場」、②中国のグローバル・サプライチェーンの中に外国企業を組み込み、離れられなくすることによる「外国の対中供給遮断に対する打撃力と抑止力」、の二点を地経学的戦略課題として強調している。

米中ともにＣＰＴＰＰ加盟という夢（21・12）

ＴＰＰ（環太平洋パートナーシップ）協定とはいかなる星のめぐりあわせで生まれたのか。その軌跡はドラマに満ちている。

二〇一五年十月、十二カ国の交渉が大筋で合意した。これが第一幕である。私はその直後、中国のシンクタンクの招きで北京を訪れたが、招待宴の食事の際、隣合わせになった中国側の要人は驚きを隠さなかった。なぜ、日本はこれほどの市場自由化に合意できたのか、自民党はコメ農家をどうやって説得したのか、日米の間で何か戦略的密約でもあるのか……どうにも解せない風だった。

ところが、オバマ政権が法案化の過程で米議会の根回しに手間取っている間に二〇一六年の大統領選挙に突入してしまった。二〇一七年一月、トランプ大統領は政権発足初日に米国のＴＰＰからの離脱を表明した。ＴＰＰは米国抜きでは発効できない。残された十一カ国はその年五月から新たな貿易協定の交渉を開始し、二〇一八年三月、ＣＰＴＰＰ（環太平洋パートナーシップに関する包括的及び先進的な協定）の署名に漕ぎつけた。これが第二幕である。

主導したのは日本だった。多角的貿易交渉では戦後一貫して日本は受け身だっただけに、日本のリーダーシップは驚きをもって受け止められた。

そして今回、中国はＣＰＴＰＰへの加盟を申請した。第三幕の幕開けである。バイデン政権がＣＰＴＰＰに復帰できないと判断したのだ。「アメリカ・ファースト」の米国と異なる「自由貿易の旗手」としての中国のイメージを際立たせる「話語権」（ナラティブ）を掲げつつ、申請に踏み切ったということだろう。

ただ、十一ヵ国すべての国が賛成しなければ加盟は認められないし、ＣＰＴＰＰの高水準の加盟基準を乗り越えなければならない。例えば、①国有企業の競争中立性の確保、②補助金の透明性、③強制労働の禁止を含む労働者の権利確保、④ソースコードの開示要求禁止を含むデータ・デジタル取引の高い水準の維持、⑤経済的威圧の自制、などのルールや規範を遵守する必要がある。習近平体制の下、中央権力集中と国有企業優先・民営企業搾取の「国進民退」が一段と進み、政治・安全保障の面で不快感を抱く相手国に対して経済制裁で威圧する。そのような中国への嫌悪感が広まる中、中国の加盟には強い抵抗が起きることが予想される。中国が入ると、内政事情によって時に著しく硬直化した対外姿勢を取るため、ルールや秩序の形成が進まず、ガバナンスが効かなくなることを対中交渉者たちは懸念している。

それでも、日本は中国の加盟申請を真摯に受け止め、それをこの地域の自由で開かれ、持続力のある国際秩序形成に役立たせる〝外交的柔術〟を発揮すべきである。中国のルールでなくＣＰＴＰＰのルールに則《のっと》って環太平洋の貿易の枠組みに中国を組み込むことができれば日本だけでなく地域全体にとってもプラスである。

ただ、すでに加盟申請の出ている英国との加盟交渉を先に行うのが筋だろう。そこで、高水準のルールのモデルケースを打ち出し、十一カ国の共通の立場を改めて再確認し、相互連携を強めるのが望ましい。

その上で、十一カ国全体で米国に復帰を呼びかける。なかでも、日、豪、カナダ、メキシコの四カ国はこの点で協調行動を取るべきだ。メキシコとカナダはトランプ政権の際に締結したＵＳＭＣＡで「非市場国」――つまり中国――との自由貿易協定を結んだ場合、米国によってＵＳＭＣＡから排除される、いわゆる毒薬条項（poison pill）のリスクを抱えている。毒薬条項は、カナダと中国との自由貿易協定締結の動きを阻止しようとしたことが背景にある。

米国に拒否権を発動させず、逆に米国をＣＰＴＰＰに参画させるべく共闘体制をつくる。米国が復帰交渉に合意したところで、中国との協議を開始する。十一ヵ国が協調して米中双方を加盟させることができれば、それは二十一世紀のアジア太平洋の平和と繁栄にとって計り知れないプラスとなるだろう。

いま、それは夢物語でしかない。

コロナ危機に際して、中国が示した経済強制攻勢、国際秩序軽視、排他的経済ナショナリズムを見るとき、中国が国際秩序に建設的に参画する意思があるのか首をかしげたくなる。中国のＣＰＴＰＰ加盟申請は所詮、米国と日本、豪、カナダ、メキシコなどとの分断策であり、加盟後はこの豊饒《ほうじょう》な五億人の市場を〝乗っ取る〟ためのそれこそ毒饅頭かもしれない。

しかし、中国とアジア太平洋秩序のルールづくりで交渉をしないのはもったいない。ＣＰＴＰＰは日米同盟に次いで日本が手にする最上の外交資産と言ってよい。第三幕の舞台は、日本が、中国のルールと秩序関与のあり方に影響力を及ぼし、米国をアジアの多角的貿易の枠組みに回帰させる最後の晴れ舞台であるかもしれないのだ。

経済安全保障政策の要諦（22・1）

日本政府は、二〇二二年の通常国会に経済安全保障法案を提出する方針である。具体的には、①重要物資の供給網強化、②基幹インフラの安全性確保、③先端技術の育成・支援、④特許非公開の仕組み、を目指すとしている。

政府が、経済安全保障政策に正面から取り組むのは当然であり、むしろ遅きに失したといってよい。それほど、日本の経済は脆弱であり、それを取り巻く国際環境は厳しい。かつての日本の繁栄を支えた貿易・投資のルールと国際秩序とパワー・バランスは崩落しつつあり、日本が経済で最も深く相互依存している米国と中国の両国が激しく対立している。両国の対立は、それぞれの内政――米国の「分断」と中国の「独裁」――によって駆動されているだけに構造的であり、また長期的となろう。

コロナ危機の中で、日本はワクチンやＰＰＥ（感染防護具）や人工呼吸器のような国民の生命と健康にとって欠かせない物資や資材を海外に頼っていることをいやというほど思い知らされた。石油も天然ガスも食糧も、さらには脱炭素化に必要な太陽光パネルもレアアースも、そして検索、データ、ネットワーク、ナラティブ発信の土台であるプラットフォームも、海外に依存していることを国民は改めて、痛感した。

国際秩序とルールの維持を主導してきた覇権国が衰退し、力の空白が生じ、台頭国がその空白を埋めようと「勢力均衡」を拡大し、どの国も短期的なゼロサムゲームに走り出すと、秩序はさらに瓦解し、ルールは無視され、捻じ曲げられるようになる。経済力のある国は、それを外交の道具として使おうとする。経済相互依存が武器化しつつある。米中は米ソのような「冷戦（the Cold War）」には至っていないが、地経学ではすでに部分的に「冷戦（a cold war）」の局面に入っている。

二〇三〇年頃には米国をＧＤＰで追い越すと見られている中国が巨大な地経学的うねりを世界に巻き起こしている。習近平中国国家主席が二〇二〇年、内部講話で述べたように、中国はその巨大市場に外国の投資・技術を引きつける「磁力場」をつくり、外部からのサプライチェーン断絶に対する強力な「打撃力」と「抑止力」を構築する経済安全保障戦略を明確にしている。中国の地経学的攻勢は、中国が世界一の経済規模を持ち、より強大な「磁力場」を持つに従いさらに剝き出しになっていくに違いない。

その上、中国の挑戦は規模（量）に止《とど》まらず、技術（質）にも広がっている。米政府が委嘱したＡＩ国家安全保障委員会はこのほど発表した報告書で、「第二次世界大戦以来初めて、米国の技術支配が脅威にさらされている。中国は向こう十年で米国を上回る力、人材、野心を持つだろう。同時に、ＡＩはサイバー攻撃とディスインフォメーションによる脅威を増幅させている」と警告を発している。

しかも、中国の場合、「国家安全」という共産党の体制維持が安全保障上の最上位の概念であり、政治も経済も文化もそれに対する脅威かどうかを判断して、経済による政治工作に訴える。そのような中国と「競争的共存」をする上でも、経済安全保障政策を確立しなければならない。

しかし、それには覚悟が要る。経済安全保障政策は、国家安全保障政策の一環である。ここでは、場合によっては、個々の利潤、効率性、そして自由を、全体の安全保障のために、暫定的かつ部分的に、制約することが求められる。アダム・スミスが『国富論』で述べたように安全保障と富が衝突したときには、安全保障が優先される。なぜなら、「防衛は豊かさより重要だからである」。

日本は「知る（intelligence）」「守る（security）」「育てる（innovation）」の三層において

「国際競争力」と「対中競争」の二つの競争戦略を編み出さなければならない。経済安全保障政策はそのような「攻め」と「守り」の二本柱となるだろう。その際、「国産」で対応するところと、経済をさらに開放し同志国の企業を日本に引き込むところを、組み合わせる必要がある。コツは、経済安全保障の分野を広げすぎないことである。「small yard, high fence（範囲は狭小、規制は徹底）」という英語があるが、肝心のところだけ、フェンスを高くしてしっかり守る、それが安全保障の要諦である。

ここには、自由と規制の間の、市場と国家の間の、企業と政府の間の緊張が横たわっている。企業の現場で言えば、ジャスト・イン・タイムとジャスト・イン・ケースの緊張でもある。政府で言えば、自由貿易と産業政策の緊張である。それらの二律背反的要請を明日への投資である「創造的緊張」へと昇華できるかどうか、がカギである。その「創造的緊張」は、頭脳とイノベーションとアニマル・スピリッツによって支えられる。そして、それらを育んでこそ富も経済力も、そして、「競争」も「競争力」も生まれるのである。

〝スマート経済安全保障〟が必要（22・2）

独立系シンクタンクＡＰＩ（アジア・パシフィック・イニシアティブ）がこのほど発表した日本の「経済安全保障上重要かつ敏感な企業百社」に対するアンケート調査結果は、政府が経済安全保障政策を進める上で心しておかなければならない多くのことを教えてくれる。

調査結果は三つの点を明らかにした。

第一に、これらの企業は米中対立を最大の地経学上のリスクととらえているという点である。七五％が「米中関係の不透明性」を「最大の課題」ととらえ、六〇・八％が米中対立による自社ビジネスへの悪影響が「何らかの形で出ている」と答えている。今回の百社の場合、売り上げに占める米国の比率「一割以上」が六四％、中国のそれは四八・八％であり、両国市場への依存は高い。

米中双方とも次々と対外貿易・投資規制を打ち出している。グローバル企業は、米国の対中制裁に従うと、中国の反外国制裁法違反となり、中国から制裁される。その逆もまた真という危うい状況に置かれつつある。一二・五％がすでにそうした「板挟み」の状態にあると回答している。

　中国リスクが長期的かつ広範になりつつあることを企業は痛切に認識している。「中国事業を展開する上での懸念事項」を問うたところ、「中国政府の方針変更による事業存続リスク」（七六・一％）、「技術情報を含めた情報漏洩」（六五・九％）、「地政学リスク」（六三・六％）、「中国の競合企業の成長」（六二・五％）、「中国政府の外資規制強化」（五二・三％）、「サイバー攻撃」（五二・三％）などが挙げられた。中国側に「技術移転を要求された」ことがある企業は一〇・七％、そのうち三三・三％が「要求に従った」。

　にもかかわらず、第二に、企業はこうした中国の経済安全保障上のリスクに備えながらも、当面はむしろ、米国の対中政策に伴うリスクの方をより強く懸念しているように見える。「米国事業を展開する上での懸念事項」について質したところ、「サプライチェーンの混乱」（四七・七％）、「米国の中国企業排除の激化」（四六・六％）、「中長期の対中政策の見通しづらさ」（四五・五％）、「地政学リスク」（三八・六％）、「サプライチェーン再編や生産移管等によるコスト増」（二八・四％）などとなった。

とりわけ「米国の規制強化」への警戒感が強い。「米中対立で事業に影響が出ている」と答えた企業のうち、「米国の規制強化」を挙げたのは五九・五％で、「中国の規制強化」と答えた三三・八％をはるかに上回る。実際八・二％が、「輸出入や制裁企業との取引について米国から指摘を受けたことがある」と答えている。

第三に、中国市場への依存を減らしたいと考えつつも、生産拠点の日本回帰や第三国への移転を本格的に検討するところまでは踏み出せない日本企業のジレンマが色濃く映し出された。一四・五％の企業が「補助金による国内生産回帰の支援または中国以外の国（東南アジア等）における新たなサプライチェーン構築の支援」を求めながらも、中国の売上比率の「中長期目標」を「増やす」と回答したのは三三・三％、「現状維持」一六・七％。「減らす」は一社もなかった。

企業は、経済安全保障を重要な経営課題としてとらえ始めている。取締役会・役員会などの経営方針を議論する場で、「経済安全保障が議題になる」と答えたのは八四％超に上った。八六・九％がすでに「取り組みを行っている」。日本政府も経済安全保障担当大臣を設置し、取り組みを本格化させたが、貿易・投資の管理中心の〝取り締まり〟の性格が顕著である。本来、経済安全保障は「守り」と「攻め」を合わせて強化しなければならない。アンケートでは、日本の強みを最大限生かすための最優先の課題を問うている。回答の上位四項目は、「モノづくりの競争力優位の保持」（三五・一％）、「国内政治の安定と平和な国際環境の維持」（二八・九％）、「アジア太平洋における日本のリーダーシップと信頼」（二八・六％）、「日米同盟の維持・強化」（七・二％）。政府はこれらの声に耳を澄ましてほしい。

もう一つ、「日本政府への期待」を質《ただ》したところでは、「政策の方向性の明示」（四七・四％）、「企業の利益確保を念頭に置いた政策」（一八・六％）、「国内回帰への補助金」（九・三％）などが「最も優先順位が高い」施策として挙げられた。岸田政権で新設された経済安全保障担当大臣への期待としては、「国内に頼りすぎない国際連携」や「米中、どちらかに偏りすぎない姿勢」といった声が寄せられている。

政府が経済安全保障政策を外交・安保、貿易・投資、脱炭素・エネルギー、デジタル・データなどの政策、そして産業政策とどのような整合性をもって構築するのか。その「政策の方向性」がなお不透明である。国産と輸入代替、安全保障と企業収益・経済成長、イノベーションと格差是正、抑止力とレジリエンス、といった費用対効果を明確にした政策を確立しなければならない。求められているのは、〝スマート経済安全保障〟である。

経済制裁とは「戦争よりすさまじいもの」（22・6）

ウクライナ戦争では、米欧日など三十カ国以上がロシアに対して広範な経済制裁を行っている。ロシアの主要銀行をＳＷＩＦＴから排除し、ロシアの中央銀行の外貨準備（六千四百億ドル）のうち米欧日などの中央銀行で保管・運用している三千億ドルにのぼるドル、ユーロ、円などの外貨準備を凍結。ロシアからの石油、ガス、石炭の輸入をできるだけ禁止する。ロシアからの輸入への貿易上の優遇措置である最恵国待遇適用を撤回する、などである。

なかでもロシアの主要銀行のＳＷＩＦＴからの排除や外貨準備の凍結は、金融制裁の〝核オプション〟と言われてきた。ただ、プーチンはいま「ルーブルは、危機の前の水準に戻っている。彼らの制裁は失敗した」と勝ち誇ったように語っている。実際、ルーブルはほぼ危機前の水準まで持ち直している。

しかし、経済制裁は始まったばかりだ。戦争は泥沼化の様相を呈している。ロシアによるさらなる大規模な民間人殺戮《さつりく》や戦術核使用などがあれば、凍結したロシアの外貨準備を没収する（liquidate）こともありうる。休戦協定、さらには平和協定が結ばれるにしても、ウクライナの対ロシア交渉上の最強のカードはこの経済制裁となるだろう。経済制裁は長期化すると見て間違いない。米国の北朝鮮とイランに対する経済制裁はそれぞれ七十年、十五年以上続いている。

それでも、核保有国のロシア相手の経済制裁には大きな課題があることも認識しておく必要がある。ロシアの経済を窒息させ、プーチンに対する国内の批判を強めることはできる。しかし、軍は軍需品も石油も自給体制が確立しており、制裁に対する耐性が強い。金融・財政も、毎日、十億ドルのエネルギー関連収入が国庫に入ってくる。インドなどの「中立国」がロシアからの石油やガスを格安で買い付ける動きも報道されている。

より重要なことは、ロシアに対する経済制裁の目的は何なのか、という点である。戦争を終結させることなのか。プーチンを失脚させることか。それとも体制を転換させることまで視野に入れるのか。

制裁のトレードオフと費用対効果も見定める必要がある。経済制裁は相手の政治体制より一般社会を傷つけるのではないのか？　また、制裁相手より制裁する当事者をより傷つけることにならないか？

G7をはじめとする制裁に参加している〝制裁連合国〟がこれらの課題をどこまで議論し、戦略を共有しているのか、定かでない。このままでは長期戦になった場合、足並みが乱れる恐れがある。

侵略国に対してみんなで経済制裁を発動させて懲罰し、国際秩序とルールを維持する、そのための経済制裁を正当化することを決めたのは第一次世界大戦後に誕生した国際連盟においてである（国際連盟規約第十六条）。その生みの親ともいうべきウッドロー・ウィルソン米大統領は、制裁は「戦争よりもっとすさまじいもの（something more tremendous than war）」であると述べるとともに、「制裁の脅威は、相手を完全に孤立させることだ。窒息させれば相手は戦う気力をもはや持たなくなる」とその「すさまじさ」の性質を講釈している。

しかし、一九三〇年代に入り、日本とドイツが国際連盟秩序に挑戦し、他国への侵略を始めると連盟の経済制裁体制は機能不全に陥った。大不況が深まる中、各国とも経済相互依存を深めると経済制裁されやすくなるとして自給体制や保護主義に傾斜していった。日本とドイツは戦略的に重要な資源である石油などを禁輸される前に確保しようと東南アジアや中欧を侵攻した。経済制裁が相手の軍事行動を引き起こすリスクも念頭に置いておかなくてはならない。

経済制裁のそうした罠を劇的に示したのが、一九三九年の米国の日米通商航海条約破棄以降の対日経済制裁外交である。四〇年九月の北部仏印進駐に対してくず鉄禁輸、四一年七月の在米日本資産凍結、同年七月末の南部仏印進駐に対する八月の対日石油禁輸、と制裁を繰り出した。とりわけ石油禁輸は、日本の支配層の中の対米宥和派が外交打開のために政治的に動く余地を奪った。ルーズベルト政権は、石油禁輸によって日本は譲歩するか、あるいはマレーシアかインドネシアを侵略すると見ていた。一方、日本の軍首脳は、石油の備蓄があるうちに先制攻撃で米国を叩け、時の利はいましかない、という強迫観念に囚われていった。

ある研究者は「石油は（日米の）関係悪化の唯一の原因ではなかったが、外交武器として使われたとたん、それは敵対行動を不可避とした」（チャールズ・メイチリン「パールハーバー一九四一：最初のエネルギー戦争」）と記している。因《ちな》みに、日本は当時、石油供給の八〇％以上を米国からの輸入に依存していた。

米中「競争」と「封じ込め」の間の「拒否」（23・1）

コロナ危機によるデジタル・トランスフォーメーション（ＤＸ）の加速化とウクライナ戦争によるグリーン・トランスフォーメーション（ＧＸ）の必要性はいずれも、半導体への需要を急増させている。今後、ＡＩ、量子コンピューティング、バイオ、ＩｏＴ、ポスト５Ｇが社会実装されるにつれ、半導体需要は劇的に高まるだろう。

半導体は計算能力の素であり、国力と防衛力の基でもある。それ故に半導体は、米国と中国の熾烈な覇権争いの焦点となりつつある。米商務省が二〇二二年十月上旬に発表した、米国や西側から中国への先端半導体の輸出管理の強化は、製造施設・製品サービスや、技術者の派遣をも対象とする厳しい内容のようだ。

バイデン政権の対中戦略の基本的な方針は、競争的共存である。しかし、オーストラリアのケビン・ラッド元首相が指摘するように三期目に入った習近平体制は、「経済はマルクス主義左翼、政治はレーニン主義左翼、社会は民族主義右翼の結合」を特徴としている。

中国は、世界のグローバル・サプライチェーンを中国の〝大循環〟市場に「拉緊」（引き付け、従わせる）する〝習近平ドクトリン〟を貫徹させようとするだろう。

その罠に嵌《はま》らないためには先端技術とその生産過程を中国と接続させない空間的な〝地政学的ソーシャル・ディスタンシング〟を追求する必要がある。バイデン政権の今回の対中半導体輸出管理規制はその試みと見てよい。

競争的共存の本質が少しずつ、表れてきた。ここでは共存とは、「問題を解決するというよりも条件を管理すべく競争を受け入れること」とされてきた。

ここでの競争は、自由かつ公正に競争していけるルールや取り決めをつくり、あとは「より速く走る」ことを自らに課すことによって共存の余地を確保する、そして最低限、民間の技術が中国に軍事転用されないようにチェックする、との考えに基づいていた。

しかし、ジェイク・サリバン大統領補佐官（国家安全保障担当）によれば、今回の先端半導体輸出管理規制は「（中国に対する）最大限のリードを長期にわたって維持し続けなければならない」との考え方に基づいている。

要するに、先端半導体に関して言えば、中国が米国に半永久的にキャッチ・アップできないようにする、つまり対中半導体戦略は、こちらが「より速く走る」だけでなく、先方が「より速く走るのを妨げよう」という時間的な〝地政学的ソーシャル・ディスタンシング〟の色彩を濃く帯び始めた。

米国の対中戦略は、半導体に関する限り、競争的共存という名の半永久的競争からもう少し封じ込めに近づきつつある。「競争（competition）」と「封じ込め（containment）」の間に「拒否（denial）」という新たな領域が生まれつつあるのではないか。

中国はたしかに米国と並ぶＡＩ超大国かもしれないが、ＡＩを活用するには、データ、アルゴリズムに加えて計算能力、すなわち半導体が必要である。中国の量子コンピューティングへの投資額は米国の三倍以上の規模でいまや開発速度は米国と並ぶと言われるが、先端半導体の技術開発力なしにはその地位を維持できないだろう。

米中の先端半導体をめぐる〝地政学的ディスタンシング〟の焦点が台湾のＴＳＭＣの先端半導体である。世界の先端半導体の九割程度の市場シェアを有する。それだけの生産拠点が世界最大の地政学的火薬庫に集中していること自体、世界最大の地政学的リスクに他ならない。

台湾は、これを盾に米中双方に自制を求める立場――シリコン・シールド――に立つこともできるが、中国は有事となればＴＳＭＣを強制的に接収することも辞さないだろう。

そうなれば米国との軍事衝突が起こる危険があるが、中国が半導体供給を遮断されることを恐れるあまり、戦前の日本が石油禁輸を恐怖し、過剰反応したように「戦う能力を保持するために戦う」、つまり台湾を侵攻する可能性も否定できない。

半導体の地経学史の専門家のクリス・ミラー米タフツ大学フレッチャースクール准教授は、「中国はバレル（石油）よりバイト（半導体）で測った封鎖の方をもっと懸念している」と述べている。

実際、中国の恐怖感は石油に関するマラッカ海峡ジレンマよりはるかに大きいと見られる。ミラーは「米中のライバル関係は計算能力によって決することになるかもしれない」とも述べているが、対中半導体輸出・投資規制が全面封鎖のように受け取られないように注意する必要がある。ジェイク・サリバンが言う規制対象を「small yard, high fence（範囲は狭小、規制は徹底）」に絞り込むのが得策である。

経済安全保障政策の政策協調　（23・7）

広島でのG7サミットはG7史上、初めて経済安全保障を独立した議題として取り上げ、「経済的強靱性及び経済安全保障に関するG7首脳声明」を発表した。

声明は、以下のような戦略を柱としている。

・G7の信頼できるパートナー国との間で強靱なサプライチェーンネットワークを作る上で、透明性、多様性、安全性、持続可能性、信頼性を不可欠な原則とする。

・「非市場的政策・慣行により他国の自国への依存を強めようとする動き」に対して「より強力な国際ルール・規範」を構築する。

・「経済的威圧に対する調整プラットフォーム」を立ち上げ、経済的威圧を抑止し、場合によっては対抗措置を取り、被害国への支援協調をする。

国名は挙げていないが、主として中国を念頭に置いた政策協調のススメを説いていることは明らかだ。

こうした戦略論は、二〇二三年四月末にジェイク・サリバン米大統領補佐官（国家安全保障担当）が行ったスピーチを下敷きにしている。サリバンはこの中で、市場の効率の名の下に戦略物資のサプライチェーン・産業基盤を空洞化させたことや中国をシステムに組み込んだ結果、軍事的野心の拡大、経済依存による地政学的な影響力行使を許したことなどを「現行システム」の問題点として挙げた。その反省を踏まえて、新たな産業戦略を策定し国内に新たな産業基盤を築く、そして、従来の関税削減とは異なる国際経済パートナーシップを築くと主張。「米国は中国と多面的に競争しているが、米国は中国との対立や衝突を望んでおらず、責任を持って競争を管理する」と述べた。「デカプリングではなくデ・リスキング」で中国に臨むと言うのである。

バイデン政権はすでにＣＨＩＰＳ法やＩＲＡ法（インフレ削減法）を制定し、半導体、蓄電池、バイオなどの戦略的分野に公的投資を行い、民間投資を呼び込もうとしている。

問題は、貿易政策である。サリバンは「貿易政策は、関税削減以上のものであり、労働や環境など国内外での経済戦略に完全に統合される必要がある」と述べている。日米など十四カ国でつくる米国主導の新たなルール形成のためのＩＰＥＦ（インド太平洋経済枠組み）がその模範であるとの見立てである。

しかし、このような米国の戦略がインド太平洋地域の同盟国・同志国にどこまで支持されるかは疑問である。

たしかに、現在、貿易の支配権をめぐる戦略的競争は関税ではなくルールの分野で展開されており、相互依存の武器化と経済的威圧で相手を威嚇する中国をルール形成の覇者にさせないことが経済安全保障政策の重要な目的の一つであることは間違いない。ただ、関税削減は市場アクセスと互恵性の目に見える取り決めであり、外交的、政治的な意味はなお大きい。

もう一つは、同盟国・同志国との真摯な政策協調なしに、経済安全保障政策も産業政策もうまくいかないということである。この点は、サリバンも「米国は自国の産業戦略を堂々と追求するが、パートナーを置き去りにしない」と述べ、「パートナー国との協働」の重要性を強調している。ＩＲＡ法を「摩擦の原因から強みと信頼性の源に転換する」とも述べている。

しかし、バイデン政権はＥＶ（電気自動車）への税額控除は北米生産車に限定し、車載電池の製造・組み立ての多くを米国内に求める規定を導入した。ＣＨＩＰＳ法やＩＲＡ法に依拠する政府補助金や政府調達などのテコを米国の一方的裁量に委ねるのではなく、同盟国・同志国の間のそれぞれの産業政策の役割分担と相互補完関係の中に位置づける政策協調が必要である。労働と環境を口実にした保護主義とアメリカ・ファースト主義を抑え込むことが求められる。

米国の国際経済戦略が破綻する時はアメリカ・ファースト主義の誘惑に負けた時であったことを想起すべきだ。一九七一年のニクソン政権のドルショック（ドルと金の交換停止）がその典型である。経済史家のチャールズ・キンドルバーガーは、この時、基軸通貨としての「ドルの死」を宣告した。それは世界政治の多極化への再編をも促す契機となった。もっともその後、ポール・ボルカー連邦準備制度理事会議長が高金利政策によってインフレを退治し、ジェームズ・ベーカー米財務長官がプラザ合意を成功させたことで、つまり同盟国・同志国のマクロ経済政策協調による「ドルの国際化」に道を開いたことでドルは蘇った、とキンドルバーガーは論じた。

中国に対する米国主導の経済安全保障政策が効果を上げることができるかどうかは、米国がスタグフレーションなしにインフレを抑え込むことができるかどうか、そして同盟国・同志国の間の産業政策の政策協調をどこまで効果的に行えるか、がカギである。

トランプ再選は日本の最大の「地政学的リスク」（23・11）

「次から次へと現れる地政学的リスクの中で、トランプが再度、大統領になることが最大の地政学的リスクです」

昼食を共にした自動車メーカーの経営者はそう言った。

トランプはこのほど、再び大統領になったら、世界から米国への輸入品には一律、自動的に一〇%の関税をかける、と発言した。トランプ政権は日本の自動車に大幅な関税をかけようとしたが、安倍政権によってそれは阻まれた。再選となれば次は遮二無二それを押し付けて来るのではないか、と早くも身構えているのだ。

政府部内からは、トランプが米国の同盟国から法外な〝みかじめ料〟を取り立てようとするのではないかと恐れる声も聞かれる。

トランプ政権は在韓米軍駐留経費と在日米軍駐留経費をそれぞれ五倍、四倍にすることを求めた。

再選されれば、米韓同盟が最初の犠牲者になる可能性がある。トランプは金正恩との間で再び、サミットを仕掛け、非核化の〝ディール〟に持ち込もうとし、米朝首脳会談でトランプが譲歩案として示した朝鮮戦争の「終戦宣言」や米韓軍事演習延期などをまた持ち出すかもしれない。そんなことになれば、尹錫悦《ユンソンニヨル》政権にはすさまじい打撃となる。

もう一つ、米韓同盟が崩れれば、韓国の核保有論は勢いを増すだろう。もっとも、トランプは二〇一六年の大統領選挙中、「韓国と日本の核武装がいいのかって？　かまわない。認めようじゃないか」と述べている。金正恩は今回、プーチンが甘やかしたおかげで増長し、危険な賭けに出る可能性もある。トランプが韓国と日本の核オプションを奨励することもありうる。

いや、台湾への米国のコミットメントが揺らぐことの方が心配だ、との懸念も聞かれる。台湾は同盟国ではないが、米国大統領は台湾関係法によって台湾防衛のための軍事行動の権限を認められている。台湾海峡の安定は中国、米国、そして台湾それぞれの「戦略的忍耐」、「戦略的曖昧さ」、「独立寸止め」によってかろうじて保たれている。その安定の土台が、中国の軍事的攻勢と米国の政治的反撃によって崩れつつある。ＳＮＳメガフォン外交が米中関係をさらに荒《すさ》ませる危険がある。トランプは台湾を対中ゲームの〝駒〟として弄ぶ傾向があるだけに要注意だ。

トランプの再登場のより根本的なリスクは、米国の世界におけるリーダーシップに大きな疑問符がつくことである。米国は自由で開かれた国際秩序に背を向け、多角的取り決めから離脱し、二国間取引で相手を組み伏せ、最後はアメリカ・ファーストに立て籠るだろう。そのような自信のない米国を世界が尊敬することはない。

プーチンは間違いなくトランプの再登板を歓迎するだろう。二〇二四年十一月の米大統領選挙が終わるまで彼がウクライナ戦争を終わらせようとすることはまずない。

習近平の場合、ことはそれほど単純ではない。ますます分断の度合いを強めている米国政治の中で対中強硬論だけは超党派合意で固まりつつある。トランプといえども、それを無視して習近平と下手な〝ディール〟はできない。むしろ、反中姿勢を一段と強めるのではないか。万一、トランプがプーチンとウクライナ戦争終結で〝握る〟ことになれば、習近平のメンツは丸つぶれだ。ロシア取り込みは、共和党予備選に出馬しているトランプ主義者のヴィヴェク・ラマスワミが言うように「ロシアと組んで中国に対抗する」との戦略的装いの下、正当化されるかもしれない。ただ、それは極めて機会主義的なゲームとなるに違いない。

もっとも、その一方で、トランプの同盟叩きで西側同盟が弱まれば、中国にとって千載一遇の機会ともなる。それは台湾、南シナ海、湾岸において中国を冒険主義的な外交・軍事攻勢に向かわせることにもなりかねない。

トランプ再選となった場合の〝有事計画〟を日本政府はまだ作っていない。議会共和党との関係強化、トランプ政権人脈の再発掘、対中タカ派との深層対話などを探求することになるのだろうが、肝心のトランプとの関係をどう築くのか。

「安倍さんがいてくれたら……」という声が漏れ聞こえる。だが、シンゾー・ドナルド関係に頼ろうとしても安倍晋三はいない。

長い間、ワシントンでは、自民党は共和党びいきで、日本は共和党テリトリーと見なされてきた。しかし、トランプ再選は、共和党を原形を留めないまでに変質させる。そして、その反動で民主党をより左に過激化させる恐れが強い。米国政治の〝南北戦争〟は世界を一段と不安定化させる。確かに、トランプ再選は安倍なき日本の「最大の地政学的リスク」に違いない。

おわりに　地経学リテラシー七箇条

中国の地政学的攻勢が、二〇一〇年七月の楊潔篪《ヤンチエチー》外相の「中国は大国だ。あなた方は小国だ。それは厳然たる事実だ」宣言に始まったとすれば、中国の地経学的攻勢は二〇二〇年四月、習近平国家主席の次の号令で幕を開けたといってよい。

「中国の巨大な市場とグローバル・サプライチェーンの『磁力場』に外国を依存させ、経済の抑止力と打撃力を強化せよ」

中国の武漢に発した新型コロナウイルス感染症が世界中に広がり、中国への批判が高まったのに対して中国の戦狼外交官が「米軍が持ち込んだものかもしれない」とツイートした。怒り狂ったトランプ米大統領がコロナを〝中国ウイルス〟と呼び始めたことで米中関係が急速に悪化し始めた。そのころの発言である。

一方、米国は基軸通貨のドルと海底ケーブル・データ・トランスミッション支配による情報監視・スパイによって高リスク国と高リスク企業を国際金融と高度技術へのアクセスから排除する「地下帝国」を築いている。政治影響力を投射するため、世界経済のチョークポイントを握ろうとするのである（Henry Farrel & Abraham Newman,Underground Empire:How America Weaponized the World Economy,2023）。この米国の金融と技術貿易・投資の武器化は9・11テロ後、本格的に始まったが、その後、北朝鮮、イラン、ファーウェイへ、そしてウクライナ戦争後はロシアへと対象を広げてきた。

米中双方とも地政学的目的のために経済を使う。市場、金融、技術、データ、サプライチェーン、認知を武器化し、相手に対する圧力のレバレッジを高めようとする……米中両国を最も重要な輸出先、供給先とする日本にとって米中対立は長期的かつ構造的な経済安全保障の赤字となりつつある。

地経学リテラシーを身につけないことには、米中対立の時代も乗り切れない。

どんなリテラシーが求められているのか。

以下、地経学的リテラシー七箇条を記すことにする。

◇◇◇

一・日本は、経済安全保障においては構造的な赤字国である。

国家安全保障においては黒字と赤字という概念がある。日本は中国、ロシア、北朝鮮という三つの高度リスク国と面している。中ロとは領土・領海をめぐり緊張が続いている。北朝鮮とは核、ミサイル、拉致問題を抱えたまま国交もない状態が続いている。ここは大幅な赤字なのだが、日米同盟の黒字の蓄積のおかげで何とか抑止が効いている。

経済安全保障での赤字は、エネルギー・資源と長いシーレーンである。日本のエネルギー自給率は一一%に過ぎない。石油とガスは政情不安な中東湾岸諸国と専制政治体制のロシアからの輸入に頼っている。ロシアはいざとなればエネルギーを武器として使うことがウクライナ戦争で明らかになった。ロシアは信用できない。しかし、ロシアへの依存度を下げても、いまのままでは中東への依存度を高めることになる。中東依存の怖さは、一九七三年（第一次石油危機）、一九七九年（第二次石油危機）、一九九〇～一九九一年（湾岸戦争）と三度にわたる中東危機で証明済みである。石油価格はそれぞれ、三カ月で四倍、三年で二・七倍、二カ月で二・二倍に上昇した。今再び、イスラエルとハマスの戦闘が始まった。中東は世界の石油埋蔵量の四八%、生産量の三三%を占めている。世界の石油輸送の二〇%は、ペルシャ湾のホルムズ海峡を通過する。石油依存の時代はまだまだ続く。国際エネルギー機関（IEA）によれば、二〇五〇年のゼロ・エミッションを目標とするエネルギー・シフトが順調に進んだとしても、その時点で、天然ガスは現在の三分の一、石油は現在の四分の一がなお消費されている。

しかも、世界が太陽光発電や電気自動車への移行など脱炭素を加速化させる中で、太陽光パネルやパネル原料や蓄電池で国際競争力を持ち、独占的地位を占める中国に依存するリスクが高まっている。米中対立が長期的かつ構造的な地経学的リスクとして立ち現れる中、脱炭素と対中依存度削減をどのように同時に追求するのか、日米欧ともに現在、最適解を見出せていない。加えて、日本のデジタル貿易は年間四・七兆円の赤字（二〇二二年）であり、いずれ赤字幅は石油を抜くと見られている。このままではデジタル貿易の構造的赤字国になる恐れが強い。デジタル赤字縮小の数値目標を定め、行動計画をつくることが急がれる。

政情不安な地域を経て来る、外国人頼みの長いシーレーンも構造的赤字である。日本の貿易における海上輸送の割合（トン数ベース）は九九・六%であり、日本商船隊による輸出入輸送比率は六六・二%である。有事の際、自国の海上物流インフラを支える日本商船隊の役割は国民生活を維持する上で死活的に重要である。しかし、日本商船隊に乗り組む船員の約九六％が外国人船員であり、日本人による海上輸送自給率は二・三％に過ぎない。シーレーン防衛と商船隊の防護の重要性は十分に認識されていない。戦前、戦闘重視に傾注し、後方軽視、情報軽視、民間軽視で敗北したことを戒めとしなければならない。日本の守りの一番弱い環は今も昔も、シーレーン防衛と民間商船隊防護である。

二．自由で開かれた国際秩序、「法の支配」に基づくルール・規範、信頼できるサプライチェーン、公正で持続可能な市場、を同志国とともに世界に構築することが、経済安全保障を長期的に保証するカギである。

自由貿易と市場経済の枠組みを維持することは、日本の国力にも国益にも世界経済にも必要である。日本がＴＰＰ（環太平洋パートナーシップ）協定やＣＰＴＰＰ（環太平洋パートナーシップに関する包括的及び先進的な協定）を主導し、推進したのは、自由で開放的な貿易と公正な市場を促進する国際秩序とルール・規範をアジア太平洋で構築するための正しい選択だった。日本の自動車産業も自由貿易体制があってこそグローバルに活躍し、外貨を稼ぐことができる。

ただ、野放しの自由貿易は中国に搾取される危険性が高い。中国は、グローバル・サプライチェーンを自らの「磁力場」にして武器化する。また、補助金漬けにして自国製品のグローバル市場シェアを寡占状態にさせ、経済的威圧体制を敷く。中国進出企業はいま、「撤退」もままならない。嫌がらせを受け、法外な〝退場料〟を突き付けられる。これもまた経済的威圧の一種である。

米大統領補佐官（国家安全保障担当）のジェイク・サリバンが二〇二三年四月の「新ワシントン・コンセンサス」演説で警告を発したように、冷戦後のグローバル化礼讃が米国や同盟国の国家安全保障を弱めてきたことは否めない。将来、中国製EVの対日輸出が怒《ど》濤《とう》のように押し寄せた時、どうするのか？　その時でも、中国製EVの購入者への政府補助金を出し続けるのか？　日本は「自由貿易という十字架を背負っていく以外ない」（経産省幹部）と言い続けていけるのか？　自由貿易を経済安全保障政策によってより公正かつ強靱な、そして相互主義的な体制へと鍛えなおすときである。

三．経済相互依存は相互の平和を必ずしも約束しない。相互依存の不均衡は彼我の間のパワー関係を変化させる。依存度の高い国は低い国に比べてより脆弱な立場に置かれる。

国際政治学者のジョセフ・ナイとロバート・コヘインは古典的著作『パワーと相互依存』の中で、「より依存の少ない国は、しばしば重要な政治資源を持つ。相互依存関係を変えてもそのコストは相手国より小さいからである」と指摘した。

二〇一〇年の尖閣諸島をめぐる日中緊張の際に、中国はレアアースの対日輸出を事実上、停止した。日本はレアアースの九割を中国産に依存していた。この時は、日本が欧米と協力し、中国をWTO（世界貿易機関）に提訴し、勝訴した。レアアースの対中依存度も減らし、現在六〇％まで下がった。この時の日本の対応は「経済安全保障政策の成功例」（ヘンリー・ファレル＆アブラハム・ニューマン「新経済安全保障国家 デ・リスキングが地政学をつくりかえる」、フォーリン・アフェアーズ、二〇二三年十月十九日）とされている。

しかし、その後日本の高性能磁石企業三社は中国に精製工場を建設した。原材料の供給をチョークポイントに使われたのだ。政府は経済安全保障政策の観点から対応策を打つべきだった。

中国は現在、EVになくてはならないリチウムイオン電池の電極に使われる黒鉛（グラファイト）の輸出管理に乗り出している。日本は輸入量の約九割を中国に依存している。米国の対中半導体輸出規制への対抗策である。

四．経済安全保障は国民経済の安定と経済福祉を守ることを目的とするが、国産主義と一国主義ではそれを実現できない。同盟国・同志国・友好国との政策協調が不可欠である。

経済安全保障政策は時代の要請である。

しかし、そこには落とし穴もある。中でも最大の陥穽《かんせい》は、どの国もそれを進めるうちに国産優先を追求し、保護主義を増長させる恐れが多分にあることである。それによって本来、経済安全保障政策で協調するはずの同盟国・同志国との関係を緊張させる危険もある。

中国の場合、二〇一五年に打ち出した「中国製造２０２５」、その後の「軍民融合」、さらにはグローバル・サプライチェーンの「磁力場」「打撃力」による武器化など、国産主義と一国主義を強力に推進している。それに対しては最低限、戦略技術の国際競争力を維持、拡大するためにsmall yard, high fenceで対応しなければならない。ただ、それほど最先端でないmiddle yard, middle fenceの産業分野——例えば、太陽光パネル、リチウムイオン電池、ＥＶ——においても、中国は、巨額な補助金によって市場支配を図っている。それに成功すれば「磁力場」を拠点とする打撃力、すなわち経済統治と経済的威圧を動員することができる。

こうした中国の経済統治と経済的威圧に対抗するために同盟国・同志国の間の政策協調が必要である。二〇二三年五月の広島でのＧ７首脳会議は、中国の名指しを避けつつ、「経済的威圧に対する調整プラットフォームを立ち上げ、協調的対応によって経済的威圧を抑止し、必要な場合、対抗策や被害国への支援協調に取り組む」（同年五月二十日）ことを宣言した。広島Ｇ７は、経済安全保障政策の政策協調時代の幕開けとして記憶されるだろう。

同志的連携で死活的に重要なのは、台湾の最先端半導体の生産拠点の分散化である。九ナノメートル以下の最先端ロジック半導体の九割は台湾で生産されている。この基盤が失われると、生成ＡＩや脳型コンピュータといった次世代技術、量子や光電融合といった未来技術の進展も滞る。バイデン政権は最先端半導体に関する対中競争力は「相対的優位性」ではなく「絶対的優位性」を維持するとの方針に転換しつつある。

ここで注意すべきは米国の保護主義的かつ一国主義的な動きである。例えば、脱炭素社会実現の加速化を掲げるＩＲＡ（インフレ削減法、二〇二二年制定）は二〇三〇年までに全米の新車販売の五〇％をＥＶかＰＨＶに転換することを目的とし、車への補助金（税額控除）に「メイド・イン・アメリカ」条項を採用した。最終組み立てが北米であること、電池用部品に含まれる重要鉱物の四〇％以上が北米または米国と自由貿易協定を結んでいる国から調達したものであることなどを条件に、購買者に一台、最大七千五百ドルの補助金（税額控除）が支給される（米財務省はこのほど、電池用部品に中国資本二五％以上の企業から調達した部材が使われている米国産ＥＶは二〇二四年一月以降、補助対象から排除すると発表）。

ＩＲＡについては、インフレを増幅し、ゾンビ企業を増殖させ、市場を歪め、貿易を妨げ、同盟国を疎外する、といった批判も強い。米国の同盟国・同志国の企業にとってＩＲＡは「近隣窮乏化政策」（経産省通商ストラテジスト）と警戒されている。

「自由で開かれた国際秩序」とその秩序を支える自由貿易と通商体制は急速に空洞化し、瓦解に向かっている。バイデン政権はトランプ政権の二七・五％の対中関税をそのまま維持し、（ＣＰ）ＴＰＰへの復帰には関心を示さない。中国との競争を正面から掲げながら、市場アクセスの供与を拒否し、通商協定に背を向けたままで、第三国市場で中国と競争できるはずはない。グローバル・サウスを取り込むことも難しい。

五．「セキュリティは一番弱い環の強さまでしか強くならない（Security is only as strong as the weakest link.)」。セキュリティには「社会一丸（a whole of society)」の取り組みが必要である。

国際的なルールや規範がなお発展途上のデジタルやグリーンの分野は、〝ワイルド・ウエスト〟かつグレーゾーンの世界であり、セキュリティが追いつかない。日本に対するサイバー攻撃は五年前に比べ二・四倍に増えている。サイバー空間は、「非平和」、常在戦場であり、抑止理論も勢力均衡理論も未発達である。「専守防衛」ではサイバー空間は守れない。事前に攻撃者のサーバーなどへ侵入し、無害化できるような権限を政府に与え、官民連携し、「社会一丸」となって守る態勢をつくらなければならない。

米軍統合参謀本部（ＪＣＳ）は二〇二三年に公表した「競争への共同コンセプト（Joint Concept for Competing）」の中で、経済安全保障を国家安全保障の中に統合することを提唱している。湾岸戦争で米国のすさまじい軍事力を目の当たりにした中国とロシアは、米国に「戦わずして勝つ」戦略を追求してきた。それなのに、米国はこれまで「戦って勝つ」ことだけに専念してきた。それでは「戦わずして負ける」ことになる、との危機感を募らせている。そうさせないためには、「外交、経済、金融、情報、法律、インテリジェンス」、さらには「経済文化、商業産業、技術、イデオロギー、公衆衛生」における影響力と戦略的ポジションをつねに強化しなければならない。そこでは統合された軍民アプローチと「社会一丸」の取り組みが必要になる。「競争への共同コンセプト」は、そのために軍事資産（人員、ネットワーク、技術開発、リスクマネー供与、調達、インテリジェンスなど）を提供することを米軍に求めている。

肝心なことは、経済安全保障は、政府も企業も最高責任者が当事者意識をもって取り組むべきトップ・マターであるとの「競争的マインドセット」を持つことができるかどうかである。ドイツの指数提供会社Solactiveが進める「地政学リスク企業格付け」は、地政学時代の企業の地政学・地経学リスクに対する備えの良し悪しを数値化し、機関投資家の企業投資の際の判断材料に使ってもらおうという試みだが、そこでの一番最初の評価ポイントは「役員マップ（Board Map）」である。取締役会メンバーがその企業をレジリエント企業にするとの使命感を持っているかどうか、他の同様の企業の取締役をしているかどうか、逆に、高リスク国の企業と関わっているかどうか、などが採点される。

六．国力と安全保障を持続的に発展させ、維持するには、次世代技術の社会実装・市場化を実現し、国家安全保障に役立てる公共起業家精神（public entrepreneurship）が必要である。

　Googleの元ＣＥＯのエリック・シュミットは、「ＡＩに関する国家安全保障委員会報告書」で「第二次世界大戦以来初めて、米国の技術支配が脅威にさらされている。中国は向こう十年で米国を上回る力、人材、野心を持つだろう。同時に、ＡＩはサイバー攻撃とディスインフォメーションによる脅威を増幅している。我々はＡＩを活用した解決法（AI-enabled solution）を見出すべきである」と主張している。

現在、半導体とＥＶ、蓄電池が地経学的な主戦場となっているが、米国もＥＵも、今後、特に重要になる技術群として、コンピューティング関連技術（マイクロエレクトロニクス、量子情報システム、ＡＩ）、バイオ技術・製造、クリーンエネルギー技術の三つを挙げている。「科学技術エコシステム全体に波及する基盤的分野」と位置づけているのである。

日本はこれまで、技術力をテコに資源制約を乗り越え、経常収支バランスを確保し、国力を増進させてきた。もう一度、次世代技術の研究、開発、社会実装に官民協力して踏み出す時である。それらの技術を商業化すると同時に、これらの戦略的分野に政府が持続的にリスクマネーを供給する体制を確立しなければならない。安全保障の強化に役立たせる「起業家国家」と「国民安全保障国家」の新たなビジョンが要る。公共起業家精神（public entrepreneurship）が官民、産官学ともに求められる。

七．経済安全保障政策は、戦略的自律性、戦略的不可欠性、そして官民の戦略的対話の三本柱で組み立てるべきである。

五十年前の第一次石油危機を取材したとき、私は『ひよわな花・日本』（ズビグネフ・ブレジンスキー著）で示された日本の脆弱性を心底、思い知らされた。「日本に滞在するうち、（中略）日本の成功は本質的に自らが作り出せず、コントロールが及ばない外部的な状況に依存していることを強く感じざるを得なかった」とのブレジンスキーの指摘がズシンと胸に応えた。

自由で開かれた国際秩序と航行の自由とエネルギーと食糧の安定輸入とそれを持続的に担保する経常収支の黒字は日本の国民経済の生命線である。

石油危機後、経済政策には完全雇用と物価安定と、もう一つ、経済安全保障という目的を加えるべきだと思い、このテーマを研究するため留学し、『経済安全保障論——地球経済時代のパワー・エコノミックス』（東洋経済新報社、一九七八年）を出版した。その中で、経済安全保障政策は、国家安全保障政策と異なり政府と企業の戦略的対話なしには成り立たない、そして実はこれが一番、むつかしい挑戦である、と主張した。

戦略的対話の成否は、日本の経済安全保障政策と経済安全保障外交の成否を左右するだろう。

企業のグローバル・サプライチェーンを政府は把握していない。当の企業もまた十分には把握していない。サイバー・セキュリティの穴に双方とも気づいていない。気づいていても、共有できていない。同盟国・同志国との経済的威圧に対する「調整プラットフォーム」をつくるにしても政府と企業がどこまで目的と情報を共有できるかがカギである。彼我の私企業のそれぞれの利害関心を調整するのは同盟国の間でも大変難しい仕事なのである。

技術・イノベーション、データ・情報、同志国連携、認知戦などの地経学的戦いにおいては、グローバルな高度人材を活用しなければ競争できない。そうした人材を抱え込めば、他国の政府活動による影響を受けるリスクも出てくる。そのリスクを上手に管理することも国際競争力であり、地経学リテラシーなのである。

高リスク国からのフェイクとディスインフォメーション攻撃は、社会のメディアリテラシーと検証的思考（critical thinking）で弾き返さなければならない。ここでは産官学メディアの協力が欠かせない。事実に基づき、論理的かつ客観的に検証する知的習慣こそが認知戦に勝つカギである。

あとがき

文藝春秋の「新世界地政学」の連載を二〇二三年十二月号で終えた。連載を始めたのは二〇一一年七月号からだから、十二年半、毎月、異次元化し、新常態化する世界、すなわち新世界の挑戦と向き合い、日本の課題と針路を考える機会を持った。

この間、まさに地政学と地経学の時代が始まったといってよい。二〇一〇年代のリーマンショック後の米国の揺らぎ、中国の南シナ海への侵食、ロシアのクリミア半島への侵略、Brexitとトランプの登場、そして、二〇二〇年代の新型コロナ危機、ウクライナ戦争、インフレ、イスラエル・ハマス戦闘と続いた。国際秩序とルール・規範の崩壊によって地政学的危機と地経学的危機のマグマが共振しながら、噴出する。そのような「危機の二十年」のただなかに私たちはいるのかもしれない。

「新世界地政学」の連載をこれまで二冊の文春新書として刊行する機会に恵まれた。『21

世紀　地政学入門』（二〇一六年二月）と『地経学とは何か』（二〇二〇年二月）である。

今回、二〇二〇年二月号から二〇二三年十二月号までの連載記事を中心に、再び、文春新書で刊行することになった。その際、「地政学リテラシー七箇条」と「地経学リテラシー七箇条」を新たに書き下ろした。

「リテラシー」にこだわったのは、地政学と地経学の視点を研ぎ澄ませて物事をありのままに見て、見えないところに潜む意味を考える、そうしたリテラシーを磨くことが今、地政学の時代に何よりも大切であると思うからである。

この連載は、飯窪成幸（現文藝春秋社長）、下山進（現ノンフィクション作家）両氏に勧められたことで始まった。飯窪、下山の両氏には何とお礼を申し上げてよいかわからない。

連載を十年以上支えてくださった歴代の連載担当編集者の方々にも厚くお礼を申し上げたい。伊藤秀倫、波多野文平、三阪直弘、鈴木康介、中村毅、西本幸恒の各氏である。西本氏には今回、新書にする上でもお骨折りいただいた。重ねて感謝したい。

二〇二二年七月、独立系シンクタンク、アジア・パシフィック・イニシアティブ（AP

Ｉ：船橋洋一理事長）は国際文化会館（近藤正晃ジェームス理事長）と合併した。双方、力を合わせてグローバル・シンクタンクを目指すためである。それに先立ち、ＡＰＩ地経学研究所（ＩＯＧ：鈴木一人所長）を立ち上げた。現在、鈴木所長のリーダーシップの下、世界最先端の地経学の研究機関に育ちつつある。鈴木所長、神保謙ＡＰＩプレジデント、細谷雄一ＡＰＩ研究主幹をはじめとするＡＰＩの研究員やゲストの方々との共同研究、検証、国際会議、編集会議、語らいで学んだことは計り知れない。そのエッセンスはこの十二年半の連載に当たっての思考の血となり肉となっている。ＡＰＩでの濃密で豊かな時間は、私にとっては大学で学んだ時以来の僥倖——学恩とも呼ぶべき僥倖——の秋《とき》だった。

最後になったが、国際文化会館グローバル・カウンシル室のスタッフである平佐日奈子、谷田部貴子、石川雄介、ディクソン藤田茉里奈の各氏の献身的なサポートにも深く感謝申し上げたい。

船橋洋一

船橋洋一（ふなばし　よういち）
1944年、北京生まれ。ジャーナリスト。法学博士。公益財団法人国際文化会館グローバル・カウンシルチェアマン。アジア・パシフィック・イニシアティブ創設者。英国際戦略研究所（IISS）評議員。東京大学教養学部卒業後、朝日新聞社入社。北京特派員、ワシントン特派員、アメリカ総局長、コラムニストを経て、朝日新聞社主筆。『カウントダウン・メルトダウン』（文藝春秋）で2013年に大宅壮一ノンフィクション賞受賞。近著に『地経学とは何か』（文春新書）、『国民安全保障国家論』（文藝春秋）などがある。

文春新書

1441

地《ち》政《せい》学《がく》時《じ》代《だい》のリテラシー

2024年１月20日　第１刷発行

著　者　　船　橋　洋　一
発行者　　大　松　芳　男
発行所　㍿　文　藝　春　秋

〒102-8008　東京都千代田区紀尾井町3-23
電話（03）3265-1211（代表）

印刷所　　大日本印刷
製本所　　大　口　製　本

定価はカバーに表示してあります。
万一、落丁・乱丁の場合は小社製作部宛お送り下さい。
送料小社負担でお取替え致します。

ISBN978-4-16-661441-7